명리의 정석시리즈(5)

命理
<5>

사주팔자 쉽고 정확하게 보는 법

김 동 환 지음

역술도서전문
여산서숙

命理시리즈를 발간하면서

　命理學을 오랫동안 학습하고 연구하면서 분야별로 간편하면서도 알찬내용으로 시리즈로 엮어보고 싶었으나 여러 가지 사정상 생각 뿐 이었는데 그동안 저의 저서로 학습하시는 독자제현들의 열화와 같은 성원으로 이 작업을 시작하게 되었습니다.

　일차로 命理시리즈 10권과 命理醫學시리즈 5권 등 15권을 年內로 출간할 예정입니다. 명리시리즈는 필자 김동환의 단독저서이며 명리의학시리즈는 고 변만리 선생님의 기존 발행 된 저서와 유작들로 정리 발간하였음도 알려드리는 바입니다. 혹 오자나 잘못된 부분이 있으면 참조해 읽어주시고 점차 재판을 하면서 수정하도록 하겠습니다.

　명리시리즈 중 "사주팔자 쉽고 정확하게 보는 법"은 사주팔자를 간명하는 공식을 총 망라하였고 1부에는 학습편으로 간명요결과 용법 등을 실었고 2부는 실전편으로 실전경험을 바탕으로 사례를 들어가며 알기 쉽고 이해가 빠르도록 편집되었으므로 초보자도 쉽게 이해가 되리라 믿습니다. 모쪼록 본 명리시리즈가 독자학인여러분에게 다소라도 도움이 되었으면 하는 바램입니다.

壬寅年 立夏之節에
東廟己百齊易思室에서
筆者 金 東 煥　두 손 모음

차례

제1부
학 습 편

제1장
간명요결(看命要訣) / 8

제2장
천간 오합의 비밀과 용법 / 15

제3장
지지 삼합국의 비밀과 용법 / 23

제4장
지지 육합의 비밀과 용법 / 27

제5장
지지 육충과 형살의 비밀과 용법 / 31

제6장
지지 충파의 비밀과 용법 / 41

제7장
간지 실허의 비밀과 용법 / 45

제8장
팔자 대 대운과 류년 관계의 비밀과 용법 /47

제9장
조후에 대한 비밀과 올바른 이해 / 54

제10장
팔자에 있는 것과 없는 것의 비밀과 용법 / 57

제 2 부
실 전 편

제1장
재계의 큰 별들(韓國財界의 巨星들) / 70
<1> 한진그룹 창업자 조중훈 회장 / 70
<2> 대우그룹 창업자 김우중 회장 / 72
<3> 포항종합제철 창업자 박태준 회장 / 73
<4> 금호재벌 2대경영인 박성용 회장 / 75
<5> 삼성재벌 차자 경영인 이창희 회장 / 76
<6> 럭키금성재벌 2대경영인 구자경 회장 / 78

제2장
女 性 문제로 한방에 훅 간 사람들 / 79
제1편 女 性 문제로 한방에 훅 간 정계거성 / 79
<1> 충남지사 안희정의 사주 / 79
<2> 서울시장 박원순의 사주 / 82
<3> 부산시장 오거돈의 사주 / 85
제1편 女 性 문제로 한방에 훅 간 연예계 거성 / 87
<1> 팔자대로 살다간 김기덕 감독의 사주 / 87
<2> 스스로 던지고 버리는 배우 조민기의 사주 / 90
<3> 연희 단거리패 감독 이윤택의 사주 / 92

제3장
우리나라를 이끌어온 역대 대통령의 사주 / 93
<1> 초대 이승만 대통령의 사주 / 93
<2> 제4대 보선 대통령의 사주 / 95
<3> 제5대 박정희 대통령의 사주 / 104

\<4\> 제10대 최규하 대통령의 사주 / 108
\<5\> 제11대 전두환 대통령의 사주 / 110
\<6\> 제13대 노태우 대통령의 사주 / 113
\<7\> 제14대 김영삼 대통령의 사주 / 115
\<8\> 제15대 김대중 대통령의 사주 / 117
\<9\> 제16대 노무현 대통령의 사주 / 131
\<10\> 제17대 이명박 대통령의 사주 / 138
\<11\> 제18대 박근혜 대통령의 사주 / 148
\<12\> 제19대 문재인 대통령의 사주 / 145
\<13\> 제20대 대통령은 누가 될 것인가? / 148
\<11\> 제20대 윤석열 대통령당선인의 사주 / 155

제 1 부
학 습 편

제 1 장
看命 要訣
사주를 볼 때 가장 중요하고 유의해야 할 점

<1> 八字로 貴賤을 보고 大運으로 吉凶을 보고 流年으로 응기(應期)를 본다.

　사주팔자는 원국(原局-八字)이 매우중요하다. 대운과 유년은 바로 원국에 나타나는 상(象-모양)에 대한 시간적인 극응(克應)을 정하는 것이며 간단한 역량(力量)만을 대비(對比)하고 첨가(添加)하는 것이다.

　人生에 있어서 제일 큰일은 먼저 상(象)에 나타나 있음을 알아야하고 그런 연후에 어느 단계 어느 시기에 대운에서 발생하는지를 판단하고 유년(流年-當年運氣)으로 이일이 발생할 시간적인 응기(應期)를 확정해야 한다.

　응기(應期)는 많은 법이 있는데 충극(沖克)을 받아 출현(出現)하는 응기가 있을 수 있고 동(動)이나 합(合)을 만나서 이루어지는 응기가 있고 천간에 허투(虛透) 된 것이 록(祿)과 통(通)으로 발생하는 응기가 있으며 지지가 억제(抑制)를 받고 있는데 투간(透干)으로 발생하는 응기 등 여러 유형(類型)이 있다.

　예를 들어 용신(用神)을 대입시켜 유년의 길흉을 본다면 용신 유년이 길하고 기신(忌神)유년이 흉한 것이 아니라 유년은 단지 길흉의 응기를 관할 할 뿐 희기(喜忌)를 위주로 하지 않기 때문에 용신유년이 제(制-억제)를 받으면 오히려 흉하고 기신 유년이 극(克)을 받으면 오히려 길하다. 이것이 命(四柱)을 논함에 있어 하나의 중요한 원칙이 된다.

應期 : 應은 응 할 응, 응당 응, 당할 응, 등의 의미지만 여기서는 닥쳐오는 일을 감당하다에 해당하며, 期는 기약할 기자지만 때 기, 시기, 등으로 쓰이고 여기서는 때, 시기를 의미하므로 닥쳐오는 일의시기를 의미한다.

流年 : 흐를 유, 해 년,자로 흘러온 그해를 의미한다. 당년 금년을 뜻한다.

象(상) : 모양 상, 코끼리 상, 꼴 상, 여기서는 꼴 모양을 의미한다.

原局 : 근원 원, 근본, 판 국, 재능 도량, 등으로 여기서는 사주팔자를 말하는 것이다.

虛透 : 빌 허, 비다, 없다, 적다, 모자라다. 통할 투, 뛸 투, 던질 투, 나타날 투, 자로 여기서는 힘없이 천간에 나타난 상태를 말한다.

透干 : 천간에 나타난 상태 지지에 있는 오행이 천간에 나타난 상태를 말한다.

用神 : 쓸 용,자로 부리다 베풀다, 등 쓰임새를 말하며 神자는 귀신신자로 혼 정신 등으로 사주팔자에서 반드시 나에게 필요한 쓰임새 있는 오행을 말한다.

忌神 : 꺼릴 기자로 싫어하다 미워하다, 증오하다 로 사주 중에서 가장 안 좋은 오행을 일컫는 단어이다.

喜神 : 기쁠 희 자로 기쁘다, 즐겁다 좋아하다, 로 사주중에서 가장 좋아하는 오행을 일컫는 단어이다.

<2> 八字 大運 流年間의 三合 六合 刑沖 克穿 작용에는 모두 규율이 있다.

天干五合 : 甲己 乙庚 丙辛 丁壬 戊癸로 五合에는 合法이 있다. 合去 合傷 合留 合動 合變이 있다.

地支六沖 : 沖破 沖去 沖動 沖開 沖旺으로 5종류의 沖法이 있다.

그런가하면 三合 六合 會局 에도 상황마다 다른 용법이 있고 이러한 것은 어찌 보면 간단 한 것같이 보이지만 마치 물질에는 풍부하고 복잡한 내용이 포함 되어 있는 것처럼 우리가 배우고 있는 命學에도 기본적인 작용관계가 있는데 이런 것들을 분별하지 못하면 공부를 많이 하여도 命을 판단하는데 오답(誤答)을 내기 쉽게 된다.

사람이 살아가는 人生에도 많은 복잡한 것들이 있는 것처럼 우리가 배우고 있는 命學에도 많은 복잡한 것들이 있다. 우리 조상들은 이러한 명학의 체계를 창조하여 그 방범위한 유상(類象)과 포용성(包容性)을 갖추게 되었으므로 가능한 한 잘못됨이 없는 예측능력을 갖추게 하였으니 다음 사례들을 보면서 한걸음 더 나나가기 바란다.

克穿 : 克은 이길 극자로 이기다 능하다 능히, 穿은 뚫을 천 뚫리다 구멍
合去 : 합할 합, 모일 만날, 갈 거, 가다 떠나다 잃다, 로 합해서 가다.
合傷 : 상할 상, 상처 상, 합해서 그 원체가 상했다.
合留 : 머무를 류 자로 합하였으나 변하지 아니하다.
合動 : 움직일 동자로 움직이다 변하다.
合變 ; 변할 변자로 변하다 달라지다. 로 합해서 달라진 것 즉 변하다.

[命理事例第001題]

乾命	丁亥	壬寅	己未	丁卯
수	1	11	22	31	41	51	61
대운	辛丑	庚子	己亥	戊戌	丁未	丙午	乙巳

<1> 丁壬合化木이 되었는가?

혹자들 甲乙木이 透干 되지 않아 亥卯未의 木局의 引干이 없어 三合木局도 丁壬合 木化도 안 된다고 하나 이는 이론일 뿐 통상적으로 월지에 寅목을 놓고 있어 丁壬合化木이 된 것으로 봐야 한다.

<2> 사주를 어떻게 풀 것인가?

官殺太旺으로 봐야하는데 己未일주이고 時干 丁火가 있어 從旺 또는 從殺格은 불가하다. 官印相生으로 官殺이 順해진 것으로 봐야 하며 戊戌대운 癸亥년에 取材에 성공하였다고 함은 戌運에 戌未 刑을 하면서 亥卯未 木局이 풀렸고 이로 인하여 未土의 역할이 잘 되고 戊戌 土의 도움으로 일간이 강해지면서 癸亥 旺財를 내 것으로 만들 수 있었음이 확실하다.

沖破 : 沖자는 빌 충자로 공허하다, 부딪칠 충 용솟음 충자로 쓰이고 破자는 깨뜨릴 파자로 망치다 깨지다. 로 부딪쳐 깨진 것을 의미한다.
沖去 : 去자는 갈 거, 가다 떠나다 잃다, 로 부딪쳐 없어졌다.
沖動 : 動자는 움직일 동자로 움직이다 변하다. 부딪쳐 움직이고 변함
沖開 : 開자는 열 개자로 열다 열리다로 부딪쳐 열림 을 의미한다.
沖旺 : 旺자는 왕성할 왕 성할 등으로 충해서 왕성하다 극성하다 왕신충발 등으로 쓰이는데 충해서 기승을 부리게 되는 형상을 말한다.

[命理事例第002題]

乾命	甲	丙	庚	丙
	午	子	申	子

수대운	1	11	22	31	41	51	61
	丁丑	戊寅	己卯	庚辰	辛巳	壬午	癸未

<1> 傷官의 역할을 주목해야 하는 사주이다.

혹자들 傷官生財로 이어지는 사주라고 말할 수 있다. 그러나 本命은 일주도 祿을 깔고 앉아있어 身旺하고 1木 3火로 官旺한 상태에서 傷官 또한 申子水局을 이룬 상관으로 역시 강하다, 水火旣濟가 잘 된 경우로 봐야 한다. 그 뜻을 더 자세히 살펴보자면 官을 制壓함에 있으니 일명 傷官去官格으로 당연히 官을 써야 하는 팔자로 봐서 官命人으로 그는 관을 통치하는 官人으로 실제로 그는 강직한 檢委書記(현재로 말하면 검찰)였다. 辰운에 申子辰 水局을 이루면서 승진하였고 辛巳 壬午 운에 좋았고 壬午 운에는 권력을 장악하게 된다. 그런데 여기서 중요한 것은 虛財 甲木이 강한 水의 작용에 따라 官運이 달라질 수 있다는 것이다.

이 사주는 自然法 四柱學으로 보자면 子月의 庚金이 子時를 만났으므로 金寒水冷 戊土를 써서 旺水를 制하고 丁火와 甲木으로 鍊金하면 貴命이 된다하였으므로 本命도 차가움을 木火(甲丙)를 통해 조절하고 鍊金한 형상이어서 官人으로 살았던 것이다.

그렇다면 아래 주인공은 어떤 삶을 살아갈까에 대하여 심도 있는 관찰이 필요하여 살펴보기로 하였다.

[命理事例第003題]

乾命	庚子	戊子	庚辰	癸未

1960년11월01일未시생

수대운	6	16	26	36	46	56	66
	己丑	庚寅	辛卯	壬辰	癸巳	甲午	乙未

[命造 解說]

　子月의 庚金일간이 癸未시를 만나서 未中丁火로 溫氣를 주고 月干 戊土로 制水하므로 조화를 잘 이룬 사주에 大運까지 東方木運에서 南方火運으로 흘러 나타난 財도 官도 없지만 일지에 辰中乙木이 있어 돈에 궁색함이 없고 부자의 아내를 얻었으며 未中丁火 正官의 역할로 검사가 되었으며 검찰총장이 되기까지는 순탄하게 살아오지는 못했던 것은 원국이 부실해서이고 잘 버틸 수 있었던 것은 대운의 덕일 것이다. 지금부터 이 사람의 운명이 어찌 될 것인지에 대하여 살펴보기로 하자. 이 사람이 바로 윤 석 열 대통령 예비 후보의 사주이다.

2021년(辛丑年)도 운세

　辛金 劫財가 正印 丑土를 달고 들어오는 해라서 만고풍상을 다 겪지만 쓰러지지 않고 잘 버틸 것이다.

2022년(壬寅年)도 운세

　壬水 食神이 寅木 財星을 달고 들어오는 해라서 金生水 水生木으로 財生官하면 대통령에 당선 될 가능성이 100% 확실하다.

[命理事例第004題]

乾命	甲辰	丁卯	丁卯	壬寅

1964년02월06일寅시생

　이 사주는 地支全局이 印星으로 가득한데 甲木까지 천간에 투출하여 木火一色으로 구성된 팔자로 이런 경우 어떤 일이 맞는지를 분석해 보자면 월일지에 깔고 있는 오행이 편인(偏印)으로 이것은 편업(偏業)으로 봐야 한다. 그런가하면 官星이 일간으로 合身(丁壬合)하고 있는 점도 예의주시해야한다.

　간명(看命)은 곧 상(象)을 추리하는 하나의 암호(暗號)와 같아 반드시 아주 지극히 합리적인 상상력이 있어야 한다. 그런 연후에 각각의 십신에 대해 정확한 대입으로 비로소 그 이치에 부합해야 하는 것이다. 그렇다면 本命에서의 壬水 正官은 合身으로 원신(原神)이 없어진 경우다. 그래서 官에 많은 함의(含意-숨어있는 품은 뜻)가 있음을 알아야 한다. 壬水는 비록 正官이지만 辰土에 庫地로 정관의 임무를 다 할 수 없을 것이다. 아울러 甲木의 억제를 받고 있어 영예(榮譽)를 모으는 것은 불가능할 것이다. 다만 정관은 예를 들자면 管理者, 官員 規範 즉 法律 등을 말 할 수 있는데 그렇다면 법률가로 判事 劍士가 되는 命이 아니라 변호사가 될 가능성이 크다, 본명의 주인공은 유명한 변호사였다고 한다.

제 2 장
天干 五合의 秘密과 用法
<천간 오합의 비밀과 용법>

天干 五合은 甲己합 乙庚합 丙辛합 丁壬합 戊癸합으로 陽은 陰과 陰은 陽과 10천간이 둘이 만나 合한다. 합을 유형별로 나눠 분석해보면

<1> 命中合(四柱中에서 이루어진 합) 運中合(大運에서 만나는 합) 歲中合(歲運에서 만나는 합)이 있는데 그 해석하는 방법은 각기 다르다.
<2> 命中의 合도 근합(近合) 격합(隔合) 요합(遙合)이 있어 그 작용의 힘이 각기 다르다.
<3> 합에도 합해서 변 했나(合化) 아니면 합만 하고 변함이 없나(合以不化)를 살펴야 한다.

실제로 명조(命造)의 구성에서 가장 중요한 것은 합거(合去) 합상(合傷) 합류(合留) 합반(合絆) 합동(合動) 합변(合變-合化)의 사용하는 방법이 다르기에 간단해 보이지만 복잡하다는 것이다.

여기서 분명히 구분해야 할 것은 合과 化의 개념이라는 것이다. 合이란 긴밀하게 단결 한 것으로 음양이 교감하기 때문에 부부가 짝이 되어 일가를 이루는 것과 같다하여 夫婦之合 이라고도 한다. 그래서 친근(親近) 단결(團結) 합작(合作) 점유(占有) 취득(取得)의 뜻이 함유 되어있다.

化의 개념은 합해서 변했는가, 인데 갑긱5k 합하여 토로 변했는가 아니면 서로 합만 하거나 합할 마음만 있는가, 인데 아주 중요해서 설명도 예시를 들어가면서 해야 이해가 빠르다. 년월일시

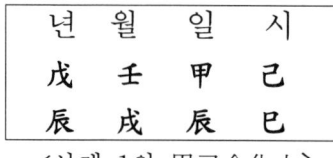
<사례 1의 甲己合化土>

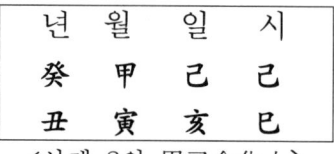
<사례 2의 甲己合化土>

사례 1의 甲己合化土는 合化 예이다. 戌月로 득령하였고 4地가 火土로서 化神을 극하는 木이 없어 甲己合化土가 설립된 경우이고, 사례 2의 甲己合化土는 合만 했을뿐 化하지는 못한 경우인데 그 이유인즉 印比를 만난 己土라서이기도 하지만 雙己土가 妬合되고 甲寅木이 있어 剋土하기에 합할 생각만 할 뿐 土로 변하지 않았다는 것이다.

이상과 같은 원리로 다른 合도 化神을 극하거나 化하지 못하게 도와주는 印比가 있으면 합만 할 뿐 化하지 못하는 것으로 간주한다.

(1) 합거(合去)

천간이 합으로 인하여 한 글자가 변화가 발생하여 변하는 것을 합거(合去-합해서 갔다 변했다)라 도움을 받지 못하여 극히 소약할 때 합하게 되면 반드시 변하게(化-될 화, 변해서 모양이 바뀌다)된다.

```
甲 己 己 甲
午 巳 丑 子
```

이런 경우 年干의 甲木은 앉은자리가 午화로 絶地인 까닭에 크게 쇠약하여 己토에 반드시 合去 된다.

坤命	戊申	辛酉	丁未	癸卯			
수	9	19	29	39	49	59	69
대운	庚申	己未	戊午	丁巳	丙辰	乙卯	甲寅

이여성은 戊午대운 戊寅년에 남편과 별거를 시작 하더니 결국 이혼 하고 말았다고 한다. 戊癸合去 된 연유인데 원국의 戊土와 流年의 2개 戊土가 연합(聯合)것으로 원국의 官殺 癸水는 卯木위에 앉아있어 뿌리가 없어 合去 된 경우이다.

＊ 이혼이 왜, 무엇 때문에 이루어지게 되었는가?

干合인 戊癸가 原局에서 요합(遙合)을 하고 있어 합하고 싶어 하는 마음만 있을 뿐인데 대운과 세운에서 다시 戊癸합화되어 火로 변했다, 丁火의 힘이 강해졌다는 말도 되고 그 힘이 강해지므로 인하여 癸水 官星을 除去한 형상이니 이것이 바로 이혼을 의미한다. 이혼도 예외 없이 자신의 힘이 강해질 때 내 마음대로 요리 할 수 있다는 점이다.

(2) 합류(合留)

합류란 응기(應期)를 보는 법의 하나로 사주원국이나 대운 중에 어떤 오행이 류년(流年)에 의하여 합을 당하는 것을 말하는데 주중(柱中)에 두 개의 오행이 서로 합한 상태이거나 또는 팔자의 오행과 대운과의 합이 이루어지는 것은 합류로 본다는 것이다. 합류(合留)는 합했어도 가지 않고 머물고 있다는 말도 된다.

坤命	戊申	辛酉	癸巳	乙卯			
수	9	19	29	39	49	59	69
대운	庚申	己未	戊午	丁巳	丙辰	乙卯	甲寅

柱中에 있는 財星 巳火에 戊土가 根이 되어 得氣 한 상태이고 流年에서 癸水가 와서 合을 하면 이것을 合留라고 한다. 이는 명주(命主)인 癸수가 하나의 재성을 얻게 됨을 표시한다. 이는 늘 혼인의 응기에서 볼 수 있는 대표적인 상태이다.

위 여성은 戊午대운 癸酉년에 결혼하였다고 하니 이는 局中에서 官星과 요합(遼合-머리서 합)을 하고 있는 상태에서 戊운으로 행하고(戊癸合) 있어 夫星(남편의 별이 들어오고)이 뜨고 癸年을 만나니 자기오행에 이르러서 이 해에 남편을 얻지 않았을까 생각한다.

(3) 합반(合絆)

合絆을 正義하자면 絆은 줄 반자로 줄로 얽어매었다

는 말 포승줄에 묶여 자신의 역할을 할 수 없거나 못한 다는 말로 보면 된다. 이 역시 헷갈리는 부분이어서 예시를 보면서 설명하기로 하겠다.

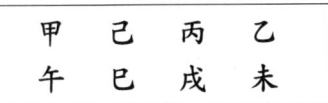

<원국 합반 사례>

위 명조에서의 합반은 年干의 甲木이 月干 己土와 合絆으로 日干 丙火를 적극적으로 도우려 하지 않기도 하지만 많은 土를 疎土도 못하는 상태인 것을 바로 합반 된 것이라고 보면 된다.

합반은 원국에 합반도 있고 유년과 대운 또는 유년과 팔자의 합반도 보고 팔자가 대운과 합반 되는 것도 또한 합반 된 것으로 본다.

坤命	乙未	丙戌	甲子	乙亥			
수	3	13	23	33	43	53	63
대운	丁亥	戊子	己丑	庚寅	辛卯	壬辰	癸巳

<대운 합반 사례>

위 명조는 甲木 일간이 3木 2水로 失令은 했어도 得支 得勢로 身强함으로 丙火로 설기시키는 丙火용신이다. 庚寅 쓰임새가 있어 성취가 좋았고 蓄財도 하였으나 辛卯대운에 들어서면서 丙화가 합반되고(丙辛合)되어 인기도 재물도 없어지는 형상이어서(卯戌合)辛卯대운은 슬럼프에 빠지게 된다. 위 명조의 주인공은 유명한 영화배우였고 실제로 庚寅대운에 발복하여 인기가 상승

부자가 되었으나 辛卯대운에 인기하락 관재까지 왔다.
(4) 합동(合動)

 合動은 合留와 유사(類似)하면서도 구분하기 매우 어렵다. 위 甲子일주가 寅대운 辛未년에 용신 丙火는 寅의 生火를 받는 상태에서 辛금에 合을 당하면서 戌未가 刑으로 발생하는 기운을 형기(刑起)라 하는데 刑해서 발동 되었다는 말로 이런 경우는 합동으로 용신이 힘을 받고 재성이 刑으로 발동이 걸려 吉하게 되는데 이해에 巨金을 벌게 되었다고 한다.

＊ 庚辰년에 流年 庚金이 命中에 있는 겁재 乙木과 合動하고 형문(荊門-가시나무문)에 있어 관재(官災) 발생했으나(辰戌沖-財生官으로)다행인 것은 乙庚合으로 화해로 무난했다.
＊ 壬午년에 官災에 휘말려 세금횡령혐의로 체포당했다고 기록 되어있는데 그 이유를 살펴보자면 丙壬沖 子午沖하는 상황이다. 丙壬沖으로 丙辛合을 풀어 辛금이 겁재의 작용이 컸고, 子午沖은 旺神沖發도 되지만 印綬인 문서 子수가 발동하므로 나쁜 문서로 (새금 포탈혐의 문서)인한 관재가 발생한 것이다.
 이와 같이 합이나 충을 하면서 발생하는 動의 힘은 지대하다는 것인데 합동은 대략 다음과 같은 종류로 분 1, 팔자 중에 年과 時의 干끼리 遼合을 하고 있을 때 流年에서 다시 合을 할 때. 2, 팔자 또는 대운 중에 어느 하나의 천간이 본래 왕지에 임하고 유년으로부터 합을 만나게 되면 합동이 된다. 3, 유년이나 팔자와 합을

만나고 유년의 천간이 뿌리(根)가 있고 氣를 얻은 경우 流年合動이라고 한다. 합류와 합동을 구분하기가 아주 난해한데 실제 왕한 천간이 流年의 합을 만나면 合留이고 또 合動이 된다. 여기서 중요한 것은 천간이 사람에 대한 상징이라면 합류가 되고 사물에 대한 상징이라면 합동이 된다.

乾命	乙巳	庚辰	辛卯	壬辰		
수	1	11	21	31	41	51	61
대운	己卯	戊寅	丁丑	丙子	乙亥	甲戌	癸酉

<流年 합동 사례>

위 사례는 土金이 왕성하므로 金水傷官格(身旺 하므로 壬水 傷官을 用해야함)으로 丙子대운에 들어서면서 水旺 向이라 吉하다. 流年 丁丑년에 丁壬合으로 壬水가 合動하여 권력이 확대 승진하였다. 이와 같이 왕성한 壬수가 合하여 動한 것이다.

乾命	丁巳	辛亥	甲申	庚午		
수	5	15	25	35	45	55	65
대운	庚戌	己酉	戊申	丁未	丙午	乙巳	甲辰

<대 세운 합동 사례>

위 사례 주인공은 현역 수협 부지점장 인데 丙午大運 辛丑年에 부지점장으로 승진한 사례인데 대운 丙화가 午화에 뿌리 하니 왕성하다. 왕 丙화가 원국 辛금에 합하고 다시 流年 辛금이 丙辛合動으로 승진한 사례이다.

(5) 합상(合傷)

合傷은 합으로 인하여 어느 하나의 천간이 상해(傷害)를 당하는 것으로 合去에 비해서는 정도가 가볍고 合絆에 비해 그 정도가 무겁다는 것이 중론이다.

더 자세히 설명하자면 팔자중의 하나의 천간이 지지가 왕에 임했는데 팔자 중 옆에 있는 干이나 혹은 대운에서 좌지(앉은자리)가 왕한 어떤 천간이 극합(克合)할 경우 팔자중의 어느 하나의 천간은 상해를 만나게 된다는 것이다. 합상(合傷)당한 하나의 천간이 命中에 대표하는 사물이라면 해당사물의 작용력은 삭감되고 좋게 사용될 수 없다. 또한 대표하는 것이 사람이라면 해당하는 사람의 신체에 좋지 않게 되거나 시운(時運)도 안 좋게 된다는 것이다.

(6) 합변(合變)

合變은 서로 합할 때 하나의 천간의 좌지가(坐支-앉은자리)크게 약하여 합으로 인해 그 성질이 변했다는 말이다.

乾命	癸巳	戊午	丙午	壬辰		
수	6	16	26	36	46	56	66
대운	丁巳	丙辰	乙卯	甲寅	癸丑	壬子	辛亥

년 월간에 나타난 戊癸中에 戊토는 午화의 生으로 旺하지만 癸수는 大衰하여 火로 변했다. 이런 경우를 합변으로 본다.

제 3 장
地支 三合局의 秘密과 用法
<지지 삼합국의 비밀과 용법>

지지삼합국은 다음과 같다.

신자진   해묘미   인오술   사유축
申子辰   亥卯未   寅午戌   巳酉丑
合水局   合木局   合火局   合金局

위 三合局中에 반드시 알아야 할 문제점들을
열거하자면

삼합이 국을 이룰 때 중신(中神-가운데 글자 오행)이 없으면 합국이 성립되지 않는다는 설에 대하여는(예-申辰)합은 해도 水局이 성립되지 않는다는 설은 잘못 알려진 것이며 비교적 역량은 적을지라도 합국은 성립된다고 보아야 한다.<半合정도로 보면 된다.>

| 坤命 | 壬寅 | 庚戌 | 己丑 | 庚午 |

위 여성은 寅午戌 三合局을 형성한 팔자이다.(삼합은 나란히 붙지 않아도 合局이 성립된다) 혹자들은 丑이 사이에 있고 丙丁火가 천간에 나타나지 않아 합국이 성립되지 않는다고 하는 이들도 있으나 그렇지 않다.
여기서 자세히 살펴볼 것이 있다. 이 여성은 상장회

사 부지배인이었다고 기록 되어있는데 왜? 부지배인이었으며 어찌 기업의 관을 써야만 했을까 인데, 寅午戌 三合局 구성에서 寅官이 일주己土의 午祿을 生하고 寅官은 머리에 財星 壬水의 生을 받음으로 財生官 하므로 이를 보고 기업관이라고 하는 것이고, 부직일 수밖에 오야가 될 수 없었던 것은 삼합국의 火氣를 구멍을 내어 회기무광 즉 천(穿-뚫을 천 구멍을 뚫다)의 기운이어서 라고 봐야 한다.

| 乾命 | 乙巳 | 庚辰 | 丁未 | 辛亥 |

위 남성은 丁未일주가 亥未로 卯가 없는 半合으로 木局이 성립 되었으나(拱局이라 칭함) 中神인 乙木이 年干에 나타나서 상장회사의 이사장으로 봉직하게 된 것인데 특히 亥水官이 일지 未土와 공(拱-두 손 맞잡을 공)하였고 亥未모두가 상함이 없고 아울러 辛금 財가 亥수 官위에 나타나서 財生官함으로 財界의 官을 쓰게 된 것이다. 그런데 같은 丁未일주가 亥未로 木局을 이룸에도 官運이 약한 경우의 사주를 하나 기록해 보겠다.

| 乾命 | 丙戌 | 己亥 | 丁未 | 庚戌 |

위 남성은 亥未로 木局半合은 하나 亥水官이 원국內에 많은 土에 의해 傷害를 입었으므로 庚金 財星의 지원을 받고도 관운이 약하여 공무원시험도 두 번 낙방했

고 지방의회의원선거에서도 두 번의 낙선을 했으며 겨우 庚금 재성이 멀리서나마 지원하여 기업관으로 자영업의 오너로 평생을 살아오고 있다.

三合局에서 주의해야할 점들을 열거하자면

<1> 三合局에서는 中神의 위치가 아주 중요하다.
中神이 주위(主位-주인자리)에 있으면서 吉神이거나 그 별(星)이 공주(拱主-주인과 손을 맞잡으면)하면 大吉하다. 그러나 중신이 빈위에 있으면서 생공(生拱-생하면서 손을 맞잡으면) 설령 길신이라도 次吉이다.

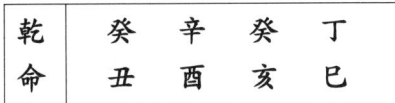

위 남성은 재가 정사로 뿌리가 있어 보이지만 충제(沖制-丁癸沖 巳亥沖하면서 水剋火를 당함) 되어 재가 약하고 巳酉丑으로 合去하니 吉하다고 봐야한다. 그러나 中神인 酉金이 오히려 빈위(賓位)에 있으며 財가 합을 당해 약한 상태라서 이러한 구조는 재물과는 인연이 약하다. 巳年이나 酉年을 만나면 그 정도가 아주 심 할 것이고 또한 돈을 번다해도 모아지지 않고 散財로 나가게 된다.

<2> 三合局에서의 中神(가운데오행)은 沖 刑 穿(구멍이 뚫리면)으로 무너지면(壞-무너질 괴) 안 좋다.

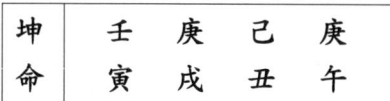

위 명조는 중신인 午가 천(穿-뚫을 천 구멍, 丑土에 의해)을 당한 상태라서 권력에 제약을 받아 부지배인으로 살았다. 丑土는 本神으로 丑戌刑으로 壞되어 丑이 오를 괴할 수 없다는 것이다. 만일 丑이 형을 당하지 않았더라면 권력을 가지지 못하고 말았을 것이다. 穿이 되어 좋아진 경우이다.

<3> 三合局에서의 중신이 쌍으로 나타나면 국이 성립되지 못한다.

<4> 三合局중에서는 유독 巳酉丑 金局만은 특수성이 있어 巳화는 金의 長生지로 본래는 金을 극하지만 이중성이 있어 金이 왕 할 때는 金을 拱하고 火가 왕 할 때는 능히 金을 극한다는 사실이다.

제 4 장
地支 六合의 秘密과 用法
<지지 육합의 비밀과 용법>

지지육합은 다음과 같다.

生合　剋合　生合　剋合　生合　剋合
寅亥　卯戌　辰酉　巳申　午未　子丑

地支에서 발생하는 六合은 팔자 중에 가장 긴밀한 합으로 결친(結親)을 상징한다. 그래서 실제로 육합의 용법은 주로 합류(合留)와 합반(合絆)이 주가 된다. 따라서 化를 말하지 않는다.

합류(合留)는 팔자중이나 대운 중에 원래 있는 어떤 오행이 태세(太歲)와 합을 하여 고화(固化) 즉 응고(凝固)나 응결(凝結)로 보류(保留)되는 것을 말한다.
결혼의 응기도 융합에 응하게 되는데 이는 합류적 의사이다. 그러므로 팔자나 대운 중에 배우자별이 旺相하거나 沖 刑을 만난 상태에서 태세가 합하는 流年을 만나면 결혼이 성사 되거나 배우자 궁이 유년과 합이 되는 경우도 역시 결혼성사가 이루어진다. 아울러 특수한 정황에서는 태세가 배우자성을 만나 명중에 合入해 오면 이 역시 합류로 본다.

乾命	戊戌	甲子	庚申	丁亥

수	9	19	29	39	49	59	69
대운	乙丑	丙寅	丁卯	戊辰	己巳	庚午	辛未

위 남성은 寅대운 癸亥년에 결혼 하였다는데 배우자 별인 寅목이 寅申沖으로 인해 신변에 변화로 배우자가 배우자 궁에 들어오는 표시이며 癸수가 戊癸합 하면서 육합의 응기로 결혼하게 된 것이다. 沖은 또 動을 표시하고 유년의 亥와 대운의 寅이 합하면서 즉 留한 것이며 충이 합을 만나 응기(應期) 했다고 보면 된다.

합반(合絆)은 서로 껴안는 것과 같아 두 오행이 합하여 서로 끌어다가 줄로 묶는 형상으로 두 개의 오행이 근본 성질을 잊어버리고 원래 가지고 있던 다른 오행을 생 극하는 작용을 잃어버리게 된다.
  합반으로 인하여 흉한경우도 있는데 그중에 한 개의 오행이 크게 약할 때 합은 그 합으로 인하여 죽게 되는 경우인데 이런 경우를 우리는 합해서 없어졌다, 가버렸다 하여 합거(合去)라고 한다. 일반적으로 공신인 귀한 오행을 합반하면 흉하고 별 볼일 없는 한신을 합반하면 을 길하게 된다고 한다.

아래 사주는 己酉대운 丁丑년에 發財하여 蓄財하였으나 戊寅 己卯년에 破財로 크게 손해를 보았단다.

乾命	丁未	壬子	丁巳	辛亥
수	4	14	24	34	44	54	64
대운	辛亥	庚戌	己酉	戊申	丁未	丙午	乙巳

그 이유를 정확하게 분석해 보자면

이 사주는 子未로 이미 뚫려(子未淺) 食神制殺로 財를 取하는 사주로 봐야 한다. 丁丑년의 본래 운은 巳酉丑 三合局으로 火氣가 金氣로 변해서 凶해야 한다. 그런데 子丑合 丁壬合을 만나 함을 푼 것이다. 삼합이 안 되었다는 말이다. 이렇게 합이 발생하면 合以不化라 하여 이합도 저 합도 안 된다, 그런가하면 六合은 三合을 능히 풀기도 한다. 六合은 結親 三合은 結黨이다. 그래서 黨보다는 親을 우선시하여 결친이 더 강한 것이다.

流年 丁丑을 자세히 분석해보자면

丁丑의 象은 자기가 丑上에 앉아있는 것이고 월령의 壬子는 合絆한 것이니 (丁壬合 子丑)이렇게 되면 丁巳의 힘은 그대로이면서 食神生財로 이어진 결과이고,

戊寅년의 寅木은 火를 生하지만 寅亥 합으로 묶여 희신이 合絆 된 상태이고 상관이 극성하여 生財로 이어질 것 같지만(丁壬合 寅亥合 木局되어 상관을 剋土 함) 土多金埋로 오히려 損財로 바뀐 것이다.

己卯년의 卯목이 亥卯未 三合木局을 이루면서 水木이 合勢하여 木多火熄으로 不利했다.

합거(合去)라는 의미는 팔자에서 일종의 應氣 용법이다.

 예를 들자면 아버지를 대표하는 어떤 한 글자인 오행이 크게 약한 상태라면 어느 한 대운에서 또는 유년에서 아버지의 별과 합하는 유년(合去) 그 아버지가 사망하게 된다.

乾命	戊子	辛酉	壬戌	辛亥		
수	1	11	21	31	41	51	61
대운		壬戌	癸亥	甲子	乙丑	丙寅	丁卯	戊辰

위 사주는 辛酉가 정인이니 모친의 별이다. 그런데 水氣가 滿局으로 금기를 설기하니 정인성이 약하다. 그런 와중에 도움을 받던 戊土 역시 甲子대운에 들어서면서 甲木이 戊土를 극하고 辛금은 死地에 임하여 그의 모친이 사망하게 된다. 그러면 어느 해에 應氣 되었을까? 流年 丙辰年에 모친의 별인 辛금이 合去되어 그래서 모친이 사망하게 된 것이다.

제 5 장
地支 六沖 刑殺의 秘密과 用法
〈지지 육충 형살의 비밀과 용법〉

지지육충은 다음과 같다.
子-午 丑-未 寅-申 卯-酉 辰-戌 巳-亥

육충이 팔자에 적용할 경에는 용법이 꽤 복잡하다. 팔자 내에 있는 충, 팔자와 대운과의 충, 당년 당년만 나는 태세 즉 세운과 팔자와의 충, 등으로 나눌 수 있는데 그 용법이 제각기 약간 다르다.
沖凶, 沖旺, 沖動, 沖開, 沖出, 沖去, 沖破, 등 7가지의 충의 법칙과 용도가 있는데 각 분야별로 자세히 알아보기로 하자.

1, 충흉(沖凶)은 무엇이며 어떻게 활용하는가?

팔자 안에 꺼리는 신이 있는데 대운 중에 출현한 오행이 명중으로 충 하여 들어올 경우와, 대운 중에 나타난 기신이 유년에 통근하므로 왕성해져서 명중에 충입할 경우를 말한다. 다만 세운의 沖凶은 세운에 상응하는 凶事가 발생한다.

아래의 명조는 辛亥대운 辛酉년으로 행하자 害를 당했다고 한다. 그 이유를 살펴보자.

乾命	癸未	乙卯	甲子	己巳			
수	1	11	21	31	41	51	61
대운	甲寅	癸丑	壬子	辛亥	庚戌	己酉	戊申

　남송시대의 명장의 사주인데 甲木일간이 월에 양인 卯木을 놓고 있으며 子卯刑을 하고 있어 刑權을 잡는 장군이 제격이다.
　辛亥대운 辛酉년이면 월주 乙卯 양인을 天沖地沖으로 沖하여 흉함으로 변했으니 沖凶에 해당한다.
辛亥운의 辛金은 忌神으로 制化가 없다. 이런 경우 忌神流年運으로 行할 때 인데 최고로 두려운 것은 기신이 根을 얻는 것이다. 辛酉년은 해당운의 가장 큰 凶의 應氣이다.

2, 충왕(沖旺)은 무엇이며 어떻게 활용하는가?

(1) 태세(太歲)가 八字中의 지극히 왕한(克旺)오행(神)을 沖한 경우로 예를 들자면 왕성한 火氣에 약한 물을 뿌리는 경우로 왕성(旺性)을 치는(激-부딪칠 격)경우로 왕한 희신을 충 하면 길하고 왕한 기신을 충 하면 흉하게 된다.
(2) 대운(大運)이 팔자중의 극 왕한 오행을 沖하는 것은 沖旺으로 보지 않고 吉凶의 정황으로 본다, 이 말은 대운은 계절감감으로 그 기운이 들어와서 팔자에 어떤 영향을 미치는 가로 길흉을 가늠한다는 말이다.

(3) 팔자(八字)중에 원래 있는 흉신이 制化가 없는 상태에서 대운에서 근(根)을 얻게 되면 크게 흉할 수 있다. 그러나 팔자(八字)중에 원래 있는 흉신이 制化가 된 상황에서 흉신이 대운에서 나타나게 되면 흉신이 제거 되는 응기로 오히려 길로 변하는 경우도 있다.

乾命	癸卯	丁巳	丁巳	丙午			
수	3	13	23	33	43	53	63
대운	丙辰	乙卯	甲寅	癸丑	壬子	辛亥	庚戌

 위 명조는 木火가 하나의 기운으로 구성된 팔자인데 祿을 당연히 財로 봐야 한다. 甲寅대운으로 운행 할 때 오록을 일으켜 發財하게 되는데 그 시기는 乙亥 년이었다니 왕화인 巳화를 亥수가 충 하여 沖起로 發財하게 된 경우이다.

3, 충동(沖動)은 무엇이며 어떻게 활용하는가?

 태세(太歲)가 八字中의 지극히 왕한(克旺)오행(神)을 沖하면 動하게 된다. 그런가하면 대운중의 왕신을 충해도 동하게 되는데 사주팔자는 충하면 움직이고 변화를 발생시키는데 그중에서도 왕신이 더 효과적이다. 아울러 팔자나 대운 중에 靜止 상태에 처해있는 어떤 한 글자를 충하면 발동하여 命局에 영향을 주게 되어 있는데 이 글자가 상징하는 사정이 발생한다.

乾命	己	庚	甲	癸
	酉	午	子	酉

이 命造는 酉金이 官星이고 年과 時인 門戶에 임했는데 丁卯년에 酉金 충동시켜 자리를 옮겨 근무 하게 되는 신상에 변화를 만났다고 한다.

4, 충개(沖開)는 무엇이며 어떻게 활용하는가?

충개(沖開)는 충해서 열렸다는 말로 오직 두 가지 상황을 가리킨다.
(1) 서로 합하고 있는 두 글자 중에 하나가 태세의 충을 만나게 되면 충개(沖開)라고 한다.
(2) 八字나 大運中에 墓庫가(辰戌丑未) 태세의 충을 만나게 되면 충개(沖開)라고 한다.

예를 들면 배우자 星이나 배우자 宮이 합을 만났을 경우 흔히 그 합을 沖하는 流年에 이성인연이 맺어진다. 그러므로 혼기가 됐다고 활용한다. 또한 용신이 墓中에 흔히 墓를 沖 할 때 개고(開庫)되어 변화가 발생한다.

乾命	己	丁	庚	丁
	酉	卯	寅	亥

위 명조는 食神生財로 이어지는 사주인데 癸亥대운 辛巳년에 寅亥 合을 沖하여 열 개하여 직업을 바꾸는 변화를 얻었다.

乾命	癸卯	丙辰	己丑	乙亥

수	4	14	24	34	44	54	64
대운	乙卯	甲寅	癸丑	壬子	辛亥	庚戌	己酉

위 사주는 辰土가 財庫인데 어렵게 살아가다가 癸丑 대운 丑運으로 운행되면서 辛未년에 丑을 沖하여 引動의 영향으로 사업번창 하더니 丙子년에 이르러 財庫인 辰土와 합을 하고(子辰) 축운이 지나가면서 사업이 부진하여 결국 문을 닫게 되었다고 한다. 壬子대운으로 진입 하면서 財庫가 合絆으로 축재는커녕 시비구설만 난무했다고 한다. 대체로 庫地인 창고는 열려야 쓸모가 있다는 것인데 닫히고 묶이면 아무 쓸모없이 된다는 사례였다.

5, 충출(沖出)는 무엇이며 어떻게 활용하는가?

충출(沖出)은 전적으로 두 가지 상황만 존재 한다.
(1) 流年인 歲運이 年支나 時支를 沖하는 경우를 沖出이라고 하는데 보통 나고 드는 문에 응하기에 이는 년은 조상을 의미하기에 祖를 떠나는 것을 표시하고, 時 역시 門戶로 당연히 出門하는 소식정도로 보아야 한다.
(2) 喜神이나 忌神이 入墓 되었을 때 流年이 入墓된 기신을 충으로 들러올 때 沖出이 되는데 沖出 당한 신은 命局에 영향을 미칠 수도 있고 이 신이 대표하는 사정이 발생하기도 한다.

乾命	丙戌	乙未	辛丑	丁酉
수	4	14	24	34	44	54	64
대운	丙申	丁酉	戊戌	己亥	庚子	辛丑	壬寅

<사례1의 辛丑 일주>

乾命	丁未	壬子	丁巳	辛亥
수	4	14	24	34	44	54	64
대운	辛亥	庚戌	己酉	戊申	丁未	丙午	乙巳

<사례2의 丁巳 일주>

사례1의 경우 丁酉대운 甲辰년 19세에 집을 떠나 일자리를 찾아 나갔는데 진술로 충을 하여 조상을 떠나고 辰酉합으로 합록 됨은 직업을 얻은 것을 표시한다.

사례2의 경우 庚戌대운으로 행하면서 巳中丙火가 戌에 入墓되는 상황에서 癸亥년을 만나 巳亥沖하는 연고로 학교시험에 합격했으나 한해 전인 壬戌년은 낙방했다고 한다.

6, 충거(沖去)는 무엇이며 어떻게 활용하는가?

충거(沖去)는 일반적으로 태세가 팔자중의 衰神을 충하여 없어지는 즉 가버리는 것을 충거(沖去)라고 한다. 다만 이는 오르지 당한 神이 命局을 일시 떠나는 것이지 아주 없어지는 사망을 의미 하는 것은 아니다. 즉 배우자가 떠나거나 형제가 가출하거나 부모에게 양육받지 못하는 경우 등을 말한다.

乾命	壬子	壬寅	庚辰	辛巳

형제궁인 월지에 역마가 임했는데 壬申년에 형제궁의

역마를 沖하여 寅旺하고 申衰하니 비견이 沖去 당하여 그해에 누이가 멀리 결혼하여 떠나갔단다.

7, 충파(沖破)는 무엇이며 어떻게 활용하는가?

충파(沖破)는 일반적으로 태세가 팔자중의 쇠신(衰神) 또는 극을 받은 신을 충 하는 것으로 힘이 없는 상태에서 충을 당하여 깨졌다는 의미로 沖破라 한다. 고로 충파당한 신은 생기가 없거나 원신이 파괴당했거나 대운이나 팔자가 극해(克害)를 당했거나 홀로 약하여 의지 할 곳이 없는 경우이며 충파를 당한 신은 주로 대흉하거나 징조가 심한 경우 사망으로 이어진다.

坤命	乙巳	丙戌	丙申	丙申		
수	10	20	30	40	50	60	70
대운	丁亥	戊子	己丑	庚寅	辛卯	壬辰	게巳

위 여성은 庚寅 운으로 행하면서 父星인 庚金이 허투(虛透-힘없이 나타남)寅木 絶地에 임하고 申金이 沖破를 당하니 부친이 사망하였다. 왜냐 하면 조토(燥土)는 金을 생하지 못하고, 滿局한 火에 극을 받고 충을 만나니 반드시 깨지게 되는데 己卯년 봄 상관의해에 위암 판정을 받고 그해 오월에 세상을 뜨셨다니 충파도 무시 할 수 없는 존재이다.

결론적으로 보면 命中에서 충을 마나면 沖凶 또는 沖破의 두 가지 의 흉함을 당하게 된다. 그밖에 충은 주로 사정에 응험하는 정도이지 크게 흉하지 않다.

8, 八字中에 형(刑)은 어떻게 활용하는가?

寅巳申 丑戌未를 三刑殺이라고 하는데 삼형을 아주 흉하게 보거나 두려워하는 경우도 잇는데 사실은 三刑은 六沖 정도로 생각하고 用法도 육충과 가까워 모두 불화를 표시한다. 다만 刑이 육충과 구별 되는 것은 책망(責望-責難-꾸짖는 정도의 어려움) 문책(問責-受過-잘못함을 지적받음) 혹은 폐기(廢棄-없애 버리다)정도의 뜻으로 보면 된다.

다시 寅巳申과 丑戌未를 나누어 이해해야 하는데 寅과 巳는 천(穿-뚫릴 천, 구멍이 남)이 主가 되고, 寅과 申은 충(沖-부딪치다, 비다 공허 함)이 主가 되고, 巳와 申은 합(合-합하여 하나가 됨)이 주가 된다. 刑은 하나의 부대작용이며 세 가지가 동시에 출현 할 때 刑의 의사가 분명히 나타나게 된다.

丑과 未는 沖이 주가 되고 丑戌과 丑未는 刑으로 본다. 이는 좀 복잡하므로 예를 들어 구체적으로 설명 하려 한다.

乾命	壬子	壬寅	庚辰	辛巳

위 사주는 庚辰 魁罡 일주가 寅巳로 역마 형살을 가지면서 官印相生 되는 팔자라서 법 집행기관의 간부사주인데 戊寅년에 직장이동으로 일반직장에서 丁丑년까지 근무하였으나 갑자기 戊寅년에 공무원시험을 보게 되어 법원공무원으로 전직했다.<巳火 殺星이 印星을 生하여 殺의 공으로 戊寅년은 寅이 巳를 動한 연고이다>

乾命	己酉	甲戌	乙丑	壬午
수	3	13	23	33	43	53	63
대운		癸酉	壬申	辛未	庚午	己巳	戊辰	丁卯

※ 위 표는 원문의 배치를 따른 것입니다:

乾命	己酉	甲戌	乙丑	壬午
수	3	13	23	33	43	53	63
대운	癸酉	壬申	辛未	庚午	己巳	戊辰	丁卯

위 명조는 가을철의 乙木이라서 火를 기뻐한다. 財가 고지를 보아 고지는 沖이나 刑을 기뻐하는데 丑戌이 刑을 하므로 이는 官을 制하고 生財로 이어지니 사업성이 강한명조에 丑戌로 刑을 하므로 불법이나 투기성이 강하다. 辛未대운에 삼형이 온전하니 투기사업으로 성공하여 크게 부자가 되었다. <財星이 庫地에 임하여 財沖刑을 하게 되어 沖開로 開庫되어 돈벼락을 맞은 경우이다>.

坤命	甲寅	丁卯	庚戌	丁丑
수	1	11	21	31	41	51	61
대운	丙寅	乙丑	甲子	癸亥	壬戌	辛酉	庚申

위 여성의 명조는 水食傷이 없어 인체로는 자궁이 약하고 丑戌刑殺이 있어 수술 수가 있다. 또한 형살이 八字中에 자손 궁에 임하였고 丁丑 백호가 앉아 자손이 귀한 팔자이다. 그런데 자궁수술을 여러 번 했고 결혼 10차가 되었는데 한 번도 임신을 못해 봤다고 한다.<대운의 흐름상으로 봐도 北方水운은 凍水로 자궁이 약한데 꽁꽁 얼어 임신이 안 된 것이다>

| 坤命 | 癸未 | 乙丑 | 丙戌 | 辛卯 |

위 여성은 八字中에 三刑殺이 존재 한다. 식상 土가 자손의 별인데 삼형이니 자식을 극하는 흉조가 보인다. 두 명의 자손이 있는데 둘째가 장애인이란다. 임신하면 유산이 잘 된단다.<식상 土가 병인데 약신인 木이 약하다,>

乾命	丙戌	己亥	丁未	庚戌
수	3	13	23	33	43	53	63
대운	庚子	辛丑	壬寅	癸卯	甲辰	乙巳	丙午

위 남성은 戌未 刑殺이 주중에 있다. 辛丑 대운 丁未년 어린나이에(21세) 이성인연이 들어 부정포태로 戊申년에 딸을 낳고 결혼식을 올렸다.<丑대운에 開庫로 辛金 財星 여자가 나타 난 것이고, 戊申년은 상관생재로 결혼 한 것이다> 甲辰대운 丁丑년에 사업이 부도나서 망했다. <辰戌沖으로 開庫되었고, 丁丑년은 丑戌未 三刑을 하여 사고 친 것이다.> 현재 丁未대운 辛丑년을 맞이했다. 丁未대운은 天地同이고 戌未刑을 한다, 辛丑년은 丑戌未 三刑을 하여 식상인 土가 沖刑으로 動하면 어떤 문제가 발생 할 것인가? 현재 丙申 월까지는 사업부진 외에 아무런 문제가 없었다, 나머지 5개월을 관찰 해 볼 예정이다.

제 6 장
地支 冲破의 秘密과 用法
<지지 충파의 비밀과 용법>

지지의 刑 冲 克 穿 三合 六合 외에 相破는
子破 卯와 卯破 午가 있다.
子卯에는 相刑과 相破 두 가지가 있다.
子수가 卯목을 生하지 못하고 오히려 傷하게 한다.
그런가하면 卯목이 午화를 生하지 못하고 오히려
파괴적인 작용을 한다는 것이다.

乾命	庚戌	戊子	壬午	庚子			
수	9	19	29	39	49	59	69
대운	己丑	庚寅	辛卯	壬辰	癸巳	甲午	乙未

위 사주의 주인공은 辛卯대운 己卯년에 官災로 破財하게 될 것이고<실재로 관재가 발생하였었는데>그 다음해인 庚辰년에 그 재판을 뒤집었다는데 어떤 이유에서였는지 자세히 관찰 해 보기로 하자.

辛卯대운 己卯년이 되면 卯刑子가 되는데 이는 官災이고 卯破午는 주로 破財이다. 本命에서 午火財가 일지에 있으니 자신의 재물인데 묘목이 午화를 生할수 없으며 오히려 파하니 破財로 본 것이고,

庚辰년에 대운에서 들어온 卯목은 辰土에게 천괴(穿壞-구멍이 뚫리고 무너지니)당하니 卯木은 그 작용력을

상실하게 되고 변화를 가져온다. 원래 卯木에게 묶여있던 戌土가 해방되어 戌土가 양인기신(羊刃忌神-子水를)을 克制하니 귀인이 출현 한 것이다. 貴人은 庚金이 편인이 불러온 것이다.

乾命	壬子	癸卯	壬子	甲辰			
수	5	15	25	35	45	55	65
대운	甲辰	乙巳	丙午	丁未	戊申	己酉	庚戌

위남자의 명조는 혼인이 순조롭지 않은 팔자이다. 원국에서 양인이 일지에 있고 중첩 된 상태이며 무재사주여서 그리고 子卯 子辰으로 刑合을 함이 예사롭지 않다.<실제로 이 남성은 년상의 연으로 이혼녀를 만나 결혼했다고 한다.>本命은 無財사주라서 상관 卯木이 妻星 대리 역할을 한다는 점이고, 卯목이 두 개의 子수에 破를 당함이 그 연유인고로 두 번 결혼 한 그 여자가 내 여자가 된다는 것이다.

坤命	辛卯	己亥	戊午	庚申			
수	8	18	28	38	48	58	68
대운	庚子	辛丑	壬寅	癸卯	甲辰	乙巳	丙午

위 여인도 혼인관계가 좋지 않다. 夫星은 卯木이고 妻宮에는 午火가 앉아있으면서 卯午破로 夫宮을 破한다. 癸卯대운에 이르러 좀 시끄럽긴 했어도 무난히 넘

졌다고 한다. 이 사주의 전체적인 구성을 보면 식상관이 많아 부부의 정이 두텁지 못하다고 봐야 한다. 다행인 것은 五行全具에 나름대로 팔자의구성이 좋은 편이다.

1994년11월23일06시생							
乾命	甲戌	丙子	乙酉	己卯			
수	4	14	24	34	44	54	64
대운	丁丑	戊寅	己卯	庚辰	辛巳	壬午	癸未

4 : 4 사주로 균형은 이루었으나 沖破(卯酉沖 子酉破)가 극성을 부리는 사주입니다. 배우자 宮에 酉금 桃花가 말썽을 부리니 분명 여자문제가 예사롭지 않다. 상관 丙화가 용신이고 木火通明의 팔자로 보아야겠는데 辛丑년 壬辰월 辛丑일에 죽었으니 이 날도 예사롭지 않은 날이다. 丙화 용신이 辛금에 묶여 역할을 못하고 丑토는 酉丑金局을 이루고 辛금이 힘을 받아 乙木을 사정없이 자른다.

己卯대운에 子卯 刑 卯酉 沖 卯戌 合 을 한다, 辛丑년 辛丑일은 丙火 용신을 묶고 酉丑으로 官殺이 기승을 부린다.

28세 젊은 나이에 자살을 했다 네요, 멀어지지 않습니다. 오행전구에 이정도면 잘 살을 것 같은 팔자인데 무슨 연유인지 살펴봐야 하겠습니다. 짧은 생 속에서 여러 가지 일들이 벌어졌답니다. 혼전연애하다 부정포태로 아들하나 얻어 현재 10살인데 할머니가 키우고 있다는 군요, 본인은 따르

살고 있고 만나는 여자가 있었다고 하는데 그 여자가 헤어지자고 했답니다. 그 여자는 애인이 생겼다는 말도 있고 죽기 전 하루 이틀 그 여자의 집에 머무르다가 헤어지자고 하니까 그 여자의집 아파트 계단에 목매달아 죽었다는데 의심가는 부분이 많습니다. 팔자소관으로 돌리기는 너무 아쉽습니다.

乾命	壬子	癸卯	戊午	戊午
수	3	13	23	33	43	53	63
대운	甲辰	乙巳	丙午	丁未	戊申	己酉	庚戌

　위 명조는 두 개의 戊토가 하나의 癸수와 합하고 두 개의 午화가 하나의 子수와 子午沖을 하고 日時午火 羊刃은 妻星을 극하니 한 번의 결혼으로는 해로하기 어려우니 예사롭지 않은 팔자입니다.
　다만 원국의 구성과 대운의 흐름을 살펴 볼 때 전반부는 허약한 경우인데 南方火運으로 흘러 무난하게 살았을 것이고, 후반부(日時柱의 구성은 火土로 단단해진 경우로) 西方金運이어서 역시 잘 살아갈 것이다.

제 7 장
干支 虛實의 秘密과 用法
<간지 허실의 비밀과 용법>

喜忌의 虛實은 八字를 분석하는데 중요한 근거가 된다.
虛는 天干이고 實은 地支이다.

八字中 天干에 나타났으나(透하나) 뿌리가 없는 것(無根)을 이름 하여 허간(虛干)이라 하는데 甲戌이나 甲申 등 천간이 극하거나 지지가 극하는 상태의 종류를 말함이고, 뿌리가 있는(有根)것을 실간(實干) 이라 하여 甲辰 이거나 甲寅 같은 경우를 일컬은 말이다. 무릇 지지에 있는 글자는 투간(透干)에 관계없이 모두 實이 된다.

干支의 虛實의 喜忌를 十神에 배합해 본다면
다음과 같다.

1, 財星이 虛透하면 대체적으로 전재(錢財)가 아니고 재기(才氣-재주 재능)이다.
2, 官殺이 虛透하면 주로 權力이 아니고 榮譽나 名譽이다
3 印星이 虛透하면 喜忌를 봐야 하는데 인성이 命中에 喜神이면 虛는 不吉이고, 命中에 忌神이면 오히려 허투가 吉이 된다.
4, 食神星이 虛透하면 功用으로 보아야 하는데 泄秀 혹은 調喉로 허투면 곧 有用이다.

| 乾命 | 辛卯 | 辛卯 | 癸亥 | 癸丑 |

<사례1의 癸亥 일주>

| 乾命 | 庚戌 | 癸未 | 甲寅 | 己巳 |

<사례2의 甲寅 일주>

사례1의 경우 癸水日干이 辛金을 기뻐함은 金水가 서로 감싸기 때문인데 本命은 인성 두 개가 허투 한 상태이므로 희신이 허투 한 경우로 인성은 주로 문화이므로 이 사람은 문화가 없거나 약한 사람이다.<실제로 공사청부업자로 농민 같은 사람이어서 문화가 없이 살았다> 丙戌대운에 이르러 發財했다. 그 이유는 辛금이 허투하여 無用으로 한신인데 신약이기 때문에 財를 꺼리는 상황에서 丙戌 운으로 행하니 命中의 辛卯와 丙辛 합 卯戌합으로(卯戌合火로) 天地가 합이 되면서 財가 합하여(丙辛合水) 자기에게 와주니 이것이 곧 發財의 원이 된 것이다.

사례2의 경우 未月 甲木이라 죽은 나무(死木)이다. 사목은 水를 두려워한다. 그래서 월간에 허투 한 癸水가 忌神이다. 기신이 허투 한 것이니 인성은 주로 학력이고 공부인데 本命은 오히려 인성이 기신이기에 유명 대학을 졸업했고 기술계통에서 근무하고 있다.

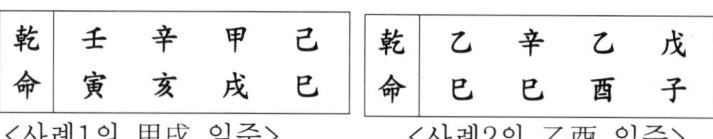

<사례1의 甲戌 일주>   <사례2의 乙酉 일주>

사례1의 경우 월상에 나타난 辛金 正官이 허투 했다, 관은 권력이 아니고 명예로 보아 인기나 유명세로 보아야 한다. 사화 식신은 여기서 문화를 대표한다. 자신은

火庫地인 戌土 위에 앉아있어 이것은 사상으로 丙대운에 이르러 丙辛이 합하여 유명해졌다.<官食이 합하여 인성이 되니 이름 명예로 出名이다. 戌亥가 명조에 있어 천문성이 강하여 역술인인데 역술서적으로 易界에서 유명인이 되었다.

사례2의 경우 재성이 시간에 허투한 상태다. 이는 才氣와 才華를 표시한다. 년 시간에 巳火인 상관을 놓아 달변가다. 재능이 팔방미인으로 문필도 뛰어나고 표현력이 남달라 큰 사랑을 받았다.

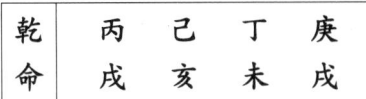

위의 丁未일주 시간에 재성이 허투 했다. 이 역시 才氣와 才華를 표시한다. 년 시지에 戌土 상관을 놓아 말솜씨가 남 달으며 戌亥 천문성이 있어 역술인으로 문필에도 뛰어나서 역술서적 20여권을 출간한 대단한 사람이다. 평생을 책과 가까이 하면서 살았다고 한다. 젊어서부터 서점업과 출판업에 종사했으며 50대에 역술인으로 전업해 노익장을 과시하는 역술 계에서 보기 드물게 성공한 역술인이다.

제 8 장
八字 對 大運과 流年 관계의 秘密과 用法
<팔자대 대운과 류년의 비밀과 용법>

　명리에서 팔자대 대운 류년 관계에 대하여 많은 책들에서 설명하지만 논리상 잘 맞지 않고 또한 실제로 살아가면서 사주대로 명리 공식대로 작용하지 않는 경우가 허다하다.

　命理學의 근본은 命局인 八字에 있으므로 命局인 命造를 잘 인식해야 한다.

1, 大運과 流年이 命局에 喜用神이 될 때 이 대운과 류년에서는 吉事들이 발생한다.
2, 大運과 流年이 命局에 忌神운이 될 때 이 대운과 류년에서는 凶事들이 발생한다.
3, 大運과 流年이 命局에 미치는 영향이 별로일 때 이 대운과 류년에서는 平事들이 발생한다.
4, 류년을 위주로 하고 대운은 흐름을 가늠하며 그것들과 사주원국의 합 형 충 파 등의 관계에서 발생하는 기를 잘 살펴야 하며 통변에서는 명사들을 잘 끌어다 쓸 줄 알아야한다. 예를 들자면 天克地沖 이라든지 世運幷臨 등 역술용어들을 선용 할 줄 알아야 한다.
5, 무엇인가 맞추려 해서는 안 된다. 명리는 상담학이

지 족집게 무당 노릇하는 학문이 아니다.

한사람의 命을 곧 한 대의 자동차에 비유하여 그 자동차의 크기와 성능을 알아야 하듯이 당신은 먼저 그 명국의 귀천의 우열을 아는 것이 중요하고 그런 다음에야 비로소 그 당사자에게 적합한 길이 어떤 것인지를 파악하여 선도하는 것이지 어느 때 어떤 일이 발생한다는 식의 족집게무당노릇을 하다가는 크게 망신당하는 것이 명리의 근본이라는 점을 반드시 알아야 한다.

대운이라는 것은 당신이 걸어가야 할 길인 도로라고 보면 된다. 그 길의 좋고 나쁨을 인식하고 자동차의 속도조절을 하면 된다. 항상 과속은 금물이듯 길의 높낮이를 잘 파악하여 속도조절만 잘 한다면 무사 할 수 있는 것이다.

유년(流年-歲運)은 곧 사람과 유사하여 그것은 혹 길을 가다가 만나는 장애물일 수도 있고, 때로는 동승자요, 당신일 수도 있다. 이러한 사람들은 어떤 때는 당신이 가는 길을 방해할 수도 있고 때로는 조언자로 도움을 줄 수도 있으므로 그 판단은 당신 본이이 잘 해야 낭패를 당하지 않는다.

이것인 바로 우리가 살아가는 인생사인 것이다. 어떤 사람은 자기가 달리는 길을 완주하여 생명의 종점까지 무사히 당도하는 사람이 있는가하면, 또 한사람은 자동자의 고장으로 중도에 곤경과 난관에 부닥쳐 늦게 고생하면서 목적지에 도착하는 사람도 있고, 어떤 사람은 초고속으로 과속하다가 사고로 목적지를 눈앞에 두고 중도에 포기하는 사람도 있다.

핵심은 바로 인생의 층 차나 등급 및 중대한 사정이나 모든 것은 팔자 중에 나타나 있다는 것이다.

예를 들자면 한사람의 부귀빈천이나 학식 직업 기질 성격 등 모든 것들은 命局(八字-운명의 판)에 이미 나타나 있는 것이고, 다만 대운과 세운은 단지 응험한 중대한 사건이 발생하는 시기 시간적 일뿐 이미 명국에 설계대로 진행하는 것이니 명국을 잘 파악하는 것만이 命을 보는 관건이 된다.

여기서 또 중요한 것을 설명하려고 한다. 인생은 명리의 공식대로만 살아가지 않는 다는 것이다. 그래서 사주팔자는 많이 봐본 사람이 최고이고 그 보는 법 역시 많이 보고 오답도내고 후회도하고 하면서 쌓이는 노하우가 바로 비법인 것이다.

선생님은 그저 공식을 가르쳐주는 사람일 뿐이다. 우리가 등산을 갈 때 산 밑에까지 인도하는 사람이 바로 선생이고 산을 탈 때는 당사자가 올라가면서 만나는 장애물 들을 자신의 지혜로 좀 더 빠르고 쉽게 갈 수도 있고 거기서 얻어지는 지식들이 쌓여서 산지식이 되는 것이지 등산대장이 일일이 이산은 이렇게 타는 것이고 요런 때는 요런 식으로 라고 알려주는 산악대장은 없다. 있다한들 공식일 뿐 자신이 직접 몸소 터득한 지식이 아니라 쉽게 잊어버리게 된다.

필자는 십 수 년 동안 사주를 간명하면서 좀 특별하거나 자료가 될 만한 사주들을 만나면 "看命日記"라는 이름으로 재 감정하여 일기로 기록하는 습관으로 지식을 쌓아왔다. 그렇게 하다 보니 자신이 잘 못 보았던 것들을 확인할 수 있었고 상담을 하다보서 알아낸 것들을 왜 이렇게 가지 않고 저렇게 갔을까를 깊이 생각하고 터득한 지식들이 모여 20여권의 책을 쓸 수 있는 자료가 되기도 하였다.

乾命	乙巳	庚辰	辛卯	壬辰			
수	1	11	21	31	41	51	61
대운	己卯	戊寅	丁丑	丙子	乙亥	甲戌	癸酉

명국해설(命局解說-운명의 판을 풀어 읽다)

五行全具에 사주로 4 : 4사주로 균형을 이룬 命造이다. 乙庚合金化로 비겁이 강해졌다. 辰월이지만 木旺節에 辰中乙木이 透干 되어 財星 또한 有力하다. 巳火 官星은 乙木의 生으로 역시 有力하다, 그러므로 財官이 有力한데 내가 힘이 강하여 내가 잘 부릴 수 있는 命造이다. 그러나 財星이 문제성이 있어 보인다. 그 이유는 배우자궁에 卯木財星 도화가 年干에 透出되고 乙木은 官合을 한다. 그런데 초년대운이 己卯 戊寅으로 재성이 나타났으므로 이성문제가 발생 할 가능성이 높다.<어려서 이성 인연 있었으나 결혼으로 이어지지는 못했다고 한다.> 자연법 사주학에서는 어떻게 보는지 알아보자.

辰월의 辛금은 土旺하니 甲木으로 疎土하고 壬水로 씻어주면 吉命이 된다 하였고 甲木이 없을 때는 乙木을 쓰나 格이 좀 작을 뿐이고 用神을 甲壬을 쓴다하였다.

乾命	丁巳	辛亥	丙戌	己丑
수	6	16	26	36	46	56	66
대운	庚戌	己酉	戊申	丁未	丙午	乙巳	甲辰

위 명조는 丙화 일간이 월간 辛금과 합하니 일명 財合이라 한다. 丙화가 戌土 庫地위에 앉아 旺하다. 그러나 시지 丑土가 晦氣無光 케도 하지만 丑戌刑으로 무너뜨리려(壞)하니 이 또한 두렵다.

己酉 운으로 운행 할 때 三合金局(巳酉丑)을 형성하면서 財多身弱 으로 좋지 않았다. 庚辰년에 약간의 돈을 벌었다고 하는데 어찌 된 일인지 관찰 할 필요가 있다. 辰戌沖으로 發動도 걸지만 대운 酉金과 辰酉합 하면서재성이 기반(羈絆)되어 財를 내 것으로 만들 수 있었다고 봐야 한다. 이런 경우를 보더라도 合 刑 沖 化를 보고 사정의 응기를 보는 것이니 용신인지 기신인지를 보는 것은 아니라는 것을 알게 되었다.

乾命	丙申	辛卯	甲戌	戊辰
수	9	19	29	39	49	59	69
대운	壬辰	癸巳	甲午	乙未	丙申	丁酉	戊戌

위 명조는 妻星의 문제성이 내포된 팔자이다. 실제로 午대운 丙寅년에아내가 다른 남자와 정을 통했다고 한다. 이런 상황을 보고 술사들은 寅午戌 삼합火局 이

되면서 그렇게 되었다고 하기도 하고 또 다른 술사들은 원국에서 辰戌沖 卯戌合으로 戌土 財星이 깨지고 묶여 (합반) 있어 三合局 형성이 안 된다고 보면서 원국에 문제가 있다고 보는 이들이 있는데 둘 모두 일리는 있지만 후자의 가능성이 매우 높으며 필자의 오랜 경험에서 얻은 지식으로 보았을 때 배우자성이나 배우자의 별이 도화이거나 도화와 합을 한 경우는 배우자 문제가 발생할 확률이 매우 높은데 어느 때 응기가 되느냐는 역시 합으로 이어지는 해로 본다가 정설이다.

아울러 사주가 합이나 충 형 등이 많으면 그 본인의 삶이 조용하지 못하고 좀 시끄럽게 살게 되더라는 것이고 본 명조 같이 합 충이 많은 경우도 탁한 부류에 들어가서 순탄한 삶으로 이어지기만 하지는 않게 된다.

제 9 장
調候에 대한 秘密과 올바른 이해
<조후에 대한 비밀과 올바른 이해>

命理에서 調候는 계절의 寒暖燥濕을 고려하여 취하는 것으로 月令을 위주로 하고 그 밖의 地支를 배합하여 본다.

조후는 팔자를 보면서 용신을 취하는 데 중요한 역할을 한다. 그래서 월령이 중요하므로 巳午未月에 태어난 명조는 八字內에 水의 與否를 보고, 亥子丑月生이면 火의 여부를 살피라고 하는 것이다. 또한 未戌月生이 火를 보거나 丑辰月生이 다시 水를 보면 燥濕을 살피고 가급적 春秋生은 조후를 쓰지 않는다.

命理에서 調候의 사용법은 火를 쓸 것인지 水를 쓸 것인지 구분해야 하는 것이고 단 천간에는 부분적으로 제한하여 사용할 뿐 천간 모두에게 적용하지는 않는다.

생물인 甲乙木은 寒暖의 계절에 대하여 매우 민감하다. 그러므로 甲乙木 일간이거나 木이 용신 일 경우 또는 기신일 경우는 겨울 생 또는 여름 생일 경우는 우선 조후를 고려해야 한다. 그 다음으로 庚辛금도 寒暖이나 燥濕에 민감한 편이며 戊己토는 조후에 크게 민감하지 않지만 그래도 참고해야 하고 丙丁壬癸는 자체 자신이 민감하지는 않더라도 木生이나 木泄에 의지할 경우 木이 柱中에 있을 때는 조후를 쓰고 木이 없을 때는 특별히 쓸 일이 없다.

坤命	己亥	丁丑	丁未	壬寅
수	1	11	21	31	41	51	61
대운	戊寅	己卯	庚辰	辛巳	壬午	癸未	甲申

위 사주는 조후를 우선해야 하는 팔자이다. 丁火가 의지 하고 있는 寅목이 추위에 떨고 있어서이다. 그런데 대운이 봄에서 여름 운으로 운행 되어 丁火가 힘을 얻으니 발복한 것이다.

乾命	丁未	壬子	丁巳	辛亥
수	4	14	24	34	44	54	64
대운	辛亥	庚戌	己酉	戊申	丁未	丙午	乙巳

<사례1의 丁巳일주>

坤命	癸卯	己未	丁巳	庚子
수	9	19	29	39	49	59	69
대운	庚申	辛酉	壬戌	癸亥	甲子	乙丑	丙寅

<사례2의 丁巳일주>

사례1의 丁巳일주는 3火가 있어도 子月亥時生이라 조후로 木火를 써야 하는데 木은 官印相生으로 좋고 火도 午화는 불리하다.

사례2의 丁巳일주는 未月生이라서 조후로 水가 필요하다. 水도 癸亥水는 안 좋다, 壬子水는 좋다, 본명은 癸亥대운에 남편의 사업부도로 고생하다가 甲子대운에 발복해서 축재도 하고 발전이 컸다. 水木이 희신이다, 목은 官印相生으로 좋은 것이다.

坤命	丙寅	癸巳	辛酉	癸巳
수	4	14	24	34	44	54	64
대운	壬辰	辛卯	庚寅	己丑	戊子	丁亥	丙戌

 위 사주의 구성을 살펴보면 巳月의 巳時生에 丙火가 년간에 투간 되고 寅木까지 生火하니 되어 火氣衝天이다. 木火는 忌神이고 金水는 喜神인데 조후용신으로 水를 써야 하지만 亥수는 불리하다. 巳火가 협합(夾合)으로 그래도 묶인 상태라 다행이었는데 壬寅년 丁未월 乙亥일에 사망했다 하니 그 이유를 찾아보면 壬수는 상관운이고 寅목은 寅巳刑을 하여 刑動으로 합을 풀고 丁火역시 칠살이며 乙亥일의 乙목도 乙辛沖으로 안 좋지만 결정타는 亥수가 旺神 巳화를 沖動하여 生을 마감하게 한 것이다.

제 10 장
八字中에 있는 것과 없는 것에 대한
秘密과 올바른 이해
<팔자중에 있는 것과 없는 것에 대한 비밀과 올바른 이해>

命理에서 多者無者라는 원칙이 있다. 많은 것은 없는 것과 같다는 말이고 그래서 많은 것도 병 없는 또는 적은 것도 병이라 했다.

多者無者라 함은 지나치게 많거나 또는 큰 것은 없다는 말과 같으니 예를 들자면 공기 속에 산소가 없으면 인간은 죽게 된다는 것은 모두가 알고 있으면서도 산소가 너무 많이 있기에 없는 것으로 망각 하면서 살고 있으며 태양의 빛과 열이 없으면 만물이 생성하고 결실할 수 없는 것은 알면서도 너무 많고 항시 있기에 우리는 태양에 대한 고마움을 모르고 산다. 물도 역시 마찬가지로 물이 없으면 생명을 부지 할 수 없음에도 많기에 물에 대한 소중함을 우리는 모르고 산다. 따라서 인간사에서도 마찬가지다 부모님의 은혜가 너무도 크니 자손들은 망각하고 살게 되며 부자로만 살아온 사람들은 가난이 어떤 것인지 모르는 것이듯이 추명에서도 예외일 수는 없다. 인수가 너무 많으면 없는 것과 같아 오히려 해가 되고, 재성이 과다하면 오히려 돈이 없는 것과 같고, 관살이 너무 많으면 직업도 남편도 없는 것과 같아 일이 고단 하거나 남편으로 인한 마음고생을 많이 하고 살게 되는 것이 세상살이의 이치인 것이다. 그래서 자고로 과유불급(過猶不及-지나친 것은 오히려 미치지 못함만 못하다)이라는 말이 전해지는 것이다.

乾命	壬子	癸卯	壬子	丙午	1	목
수	5	15	25	35	45	55	65	2	화
대운	甲辰	乙巳	丙午	丁未	戊申	己酉	庚戌	0	토

<비겁 과다한 사주>

위 사주는 우측 도표에서 보듯이 많은 것은 너무 많고 없는 것은 전혀 없으니 균형을 이루지 못한 사주이다. 비겁인 水가 턱없이 많으니 水가 병이 되는 사주이지요, 병은 중한데 약이 없는 사주이네요, 약은 水를 극하는 土가 되는데 土가 없는 것이 문제네요, 이렇게 水가 많은 때에는 극보다는 설기가 더 효과적이라서 木을 써야 하는데 卯목이 좌우의 자수에 동목으로 쓸모없는 木이 된 거구요, 원래 卯목은 습목 이라 설기를 못하니 甲寅木으로 설기해야 한답니다. 만약 壬寅월이나 戊寅월 이었다면 좋았을 터인데 아쉽습니다. 식신 생재로 이어져서 丙午화 財星을 내 마음대로 부려 부자가 될 수도 있었는데 말입니다. 양인 자수 두 개가 그나마 설기신인 卯목을 刑하여 오히려 군겁쟁재(群劫爭財)로 거지팔자라고 봐야 하는데 실제로 거지였답니다.

乾命	壬申	己酉	壬辰	庚戌
수	8	18	28	38	48	58	68
대운	庚戌	辛亥	壬子	癸丑	甲寅	乙卯	丙辰

<인수 과다 한 사주>

위 사주는 금왕절인 酉월의 壬수로 庚戌시를 만나고 일지에 辰토를 놓아 辰酉合金으로 化하고 申酉戌로 金 方局까지 이루니 인수는 태과한데 食傷木이 없구나, 印綬가 太旺하면 食傷은 자연히 無力한 것이 이치인데 답답한 팔자로 보인다.

인수인 金이 病이고 火가 약인데 약도 없다면 病은 重한데 약이 없는 상황이어서 사람으로서의 역할이 잘 안 될 것이고 정말로 건강에 문제가 있을 것으로 보인다. 어디가 문제일까 신경계 寅木 쪽이니 조현병 같은 것일 수도 있고 심장에 문제가 발생 할 수도 있겠다.

[命理 辭典]
酉월에 태어난 壬수가 庚戌시를 만나서 비록 戌土가 燥土지만 大江河를 막을 수 있을지 염려되는데 일지에 辰土를 놓아 辰戌沖으로 둑이 무너진 상태라서 木火가 절실한데 金水가 더해지니 답답한 사주가 되었다.

[八字 提要]
酉월에 출생한 壬수가 庚戌시를 만나서 일간 壬水는 삼래강유(三峽江流- 여러 골짜기를 거처 힘차게 흐르는 급류 같아)로 세찬물살인데 戌土가 火庫地의 燥土라서 막을 수 있을 것 같지만 두텁지 못한데다가 일지에 辰土를 놓아 힘이 될 것 같지만 辰戌沖破로 깨지니 微力한 土로 他柱에 火土

財官이 투출하고 지지에는 寅午가 있어야만 권력과 재물이 뛰어난 명조가 되는데 다시 金水를 보면 크게 불리하고 木 역시 乙木보다는 甲木이 좋다. 그래야만 木식상이 있어 財星이 유력해져야만 命造가 妙해지는데 本命은 木火는 보이지 않고 金水만 더해진 형상이라 破格으로 下格이 된 사주이다.

[恩山 解說]
　위 사주는 꽉 막힌 사주이다.
사주 여덟 글자 중 단 한글자도 좋아 보이는 것이 없으니 말이다. 印綬太過에 食傷木이 없으며 太過神인 金을 制御할 財星인 火도 없으니 어찌 살아가란 말인가? 운에서라도 만났으면 좋으련만 보이지 않고 48세 甲寅대운에 가서야 食神 木을 만나니 중년이후는 좀 숨통이 트이려나 싶다.

[사실관계]
　사주는 못 속인다는 말이 이런 사주를 두고 하는 말인가보다. 이사람 부모는 잘 만나서 부자 집 아들로 태어나 대학까지는 진학했는데 6년이나 걸려 겨우 졸업할 수 있었으며 군대도 어찌어찌 방위병으로 마쳤고 활동적이지도 못하고 고독하게 혼자 있는 것을 좋아하고 대인관계에 결벽증이 있는 것 같은 생활을 한단다. 요즘사람 답지 않게 핸드폰도 노인들이나 쓰는 구닥다리를 쓰고 말이나 표현력이 전혀 없으며 조현병 증세가 역력하다니 이런 사주를 가지고 사람구실을 할 수 있을지 대단히 염려된다.

2000년 07월 18일 17:30분생						
乾命	庚辰	甲申	丁未	己酉		
수	7	17	27	37	47	57	67
대운	乙酉	丙戌	丁亥	戊子	己丑	庚寅	辛卯

<시상과 재성이 많은 무관사주>

[사주구성에 대한 해설]

　2000년 생 이로군요, 새천년이 시작되는 해라고 해서 신생아가 유난히 많은 해였습니다. 이 해에 태어난 사람들은 삶에서 경쟁이 아주치열 할 것입니다. 그래서 더 열심히 살지 않으면 낙오자가 될 수도 있다고 봅니다. 가을철인 신(申)월의 정(丁)화라는 불로 태어나서 일간이 불인 정화(丁火)일간 그렇습니다. 丁火 날에 태어난 사람들은 대체적으로 밝고 명랑합니다. 태어난 시간이 이른 저녁 유(酉)시이니 유(酉)라는 글자 역시 금(金)으로 월과 시가 금오행(金五行)이네요. 금은 계절로는 가을의 기운이므로 불인 丁화가 힘이 빠지는 시기이므로 일간이 약합니다. 그래서 신약사주 그러는 겁니다. 사주 전체를 구분해 볼 때 나를 도와주는 별과 내별이 2개뿐이고 내 힘을 빼가는 食財라는 金土의 오행이 6개나 되니 2 : 6 사주로 신약사주라고 하는데 무엇 때문에 약하냐 하면 金때문에 약한 것이니 金이 재물의 별이거든요. 그래서 역술용어로 재다신약(財多身弱)그런답니다. 그런데 좋은 면도 많아요, 土가 3개나 되기에 화생토 토생금(火生土 土生金) 으로 연결 되는 주라서 식신생재(食神生財)라 하여 의식주 걱정 없는 사주로 운이 좋을 때 부자가 되기도 하는 팔자랍니다. 그러나 근본적으로 신약한 사주에 관성이라는 직업의 별이 없어(水라는 오행이 관성인데 팔자에 나타나지 않았음) 잘 못하면 백수로 별 볼일 없이 살아갈 수도 있는 사주여서 지금부터 이런 단점을 보완하여 질 좋은 삶으로 살아가는 방법을 제시해 조언 해 보려고 랍니다 이런 사주를 가진 사람들의 특성은 약간 무기력합니다. 나쁜 말로말하자면 인내력 끈질긴 끈기력이 약합니다. 쉽게 포기하기도 잘 하고요, 그런데 무엇을 고안하고 생각하고 만들어 내는 데는 천재적인 소질을 가지고 타고 났거든요, 그래서 기술자 팔자 그런답니다, 그래서 현재와 같은 산업화 사회에서는 여러 업계의 면허나 자격증이 많기 때문에 면허 자격증을 가지고 살아가는 팔자 그러지요, 그런데 이런 사람은 자기가 하기 싫은 일은 아무리 좋은 기술이라도 안하는 특성이 있어요, 그래서 자신이 좋아하는 업종 좋아하는 일을 직업으로 삼아 면허도 따고 그런 일을 직업으로 삼아야만 오래 재미있게 일하면서 살아 갈 수 있답니다.

그런데 사람은 사주도 좋아야 하지만 운도 역시 좋아야 잘 살아가게 되는데 사람이 살아가면서 만나는 운을 우리는 크게 대운과 세운으로 나누는데 대운은 10년 주기로 바뀐다 하여 10년 대운 그러는 거고 세운은 당년 당년 만나는 그해의 운을 말하는데 대운은 그 사람이 걸어가는 도로와 같아 평평하고 좋은 도로인가 아니면 굴곡지고 불편한 도로인가를 보는 것이고 세운은 응기라 하여 그해 무슨 일이 잘 되고 안 되는 시기와 결정 등을 보는 운을 말한답니다.

이 남성의 대운은 26세까지는 금운이 와서(酉戌) 안 좋은 도로입니다 금운이 오면 금은 쇠를 의미하고, 부모의 글자는 목(木)인데 사주팔자에 갑(甲)목이라는 나를 도와주는 부모, 그것도 정인이기에 어머니 글자가 쇠라는 금에게 금 극목을 당하는 시기라서 어머니사랑을 받지 못하고 성장하게 된 것도 어쩌면 운의 작용에 의해서 어머니와 떨어져 살 수 밖에 별 도리가 없었을 정도로 고독하고 밝지 못한 운기로 흘러가고 있어 이런 시기에는 의지력도약하고 되는 일도 없거니와 악착같이 일하고 싶은 의욕이 없이 허송세월 할 수 있어요, 그래서 이런 시기는 공부하고 준비하는 시기라 그런답니다. 그래서 본인에게 조언 하자면 앞으로 자신이 하고 살아야 할 직업에 대한 면허나 자격증을 준비하라고 부탁해야 하는 운이지요, 꼭 그렇게 해야만 27세운부터 56세까지 30년간 일하는 직업운인 수(水)운을 만났을 때 좋은 직업 좋은 직장에서 자신감 있게 존경받으면서 일할 수 있고 타고난 돈복으로 연결 되어 부자가 될 수도 있답니다. 아주 좋은 기대해도 되는 그런 운이 27세부터 발생 하게 된다는 것은 이 사람이 심성이 착하기에 그런 좋은 운을 만나게 되는 것이랍니다.

2021년은 신축(辛丑)년 소 띠 해인데요, 이런 운을 만나면 (丁)화라는 불이 축(丑)토에 밝은 불빛이 그믐밤 같이 캄캄하게 된다하여 회기무광(晦氣無光)이 라하여 무슨 일을 해보았자 헛발질만 하게 되고 되는 일도 없답니다. 그래서 이런 해에는 공부하고 면허나 자격증 따는 해라고 한답니다, 그런 것들은 마음과 같이 잘 되고 또 자신의 마음도 생각은 많이 하는데 실행이 잘 안 되는 해이지요, 그러나

2022년이 되면 이해는 임인 년이라는 범 띠 해인데 역마가 발동하고 가만히 있지를 못하고 바쁘게 움직일 일이 발생 할 것이고 무슨 일이든 내가 하고자 하는 일들이 내 마음대로 잘 되는 해이기도하고 하고 싶은 의욕도 생기고요,

또 귀인이 나타나는 해 이니 귀인의 도움으로 매사가 잘 풀리고 내가 생각하는 일들도 좋은 생각으로 이어지게 될 것입니다.

[김동환의 조언]
　사주를 점수로 계산하자면 만점인 100점짜리는 아니지만 중간으로 보아 70점 정도는 되고 노력하면 매사를 성사 성취할 수 있는 가능성이 보이는 사주입니다. 운의 적용을 잘 받아 운이 안 좋을 때는 스트레스를 많이 받고 되는 일이 없기도 하지만 대체적으로 불행하거나 궁색하게 살아가는 팔자는 아닙니다. 지금부터 인간사에 대입시켜 좋은 점과 나쁜 점을 가감 없이 찾아보려고 합니다.

　누구나 사람에게 가장 중요한 것이 財官입니다. 재는 재물 재(財)자로 타고난 돈복을 의미하고 관은 벼슬 관(官)자로 일인 직업복을 말합니다.
　이 사주는 돈복은 타고나서 궁색하게 살아가지는 않지만 관성인 직업의 별이 약합니다. 이렇게 험난한 경쟁시대에 살아가려면 자신이 가질 수 있는 특기가 있어야 합니다. 특이 이런 사주를 가진 사람들은 일반적인 보통일은 잘 못하고 보통 아무거나 하는 직장에 들어가면 자주 이농하거나 잘 붙어있지 못한답니다. 반항기가 있는 사주거든요, 내 마음에 들지 않는 일은 하기 싫고 일 잘 하고 있을 때 간섭하거나 지시하면 오히려 하던 일도 안하고 마는 그런 특수한 성정이 강한 사주여서 이런 사람한테는 칭찬이 보약이랍니다. 그리고 업종도 먼 훗날 자신이 자영업으로 활용해 할 수 있는 일도 좋습니다. 왜냐 하면 자영업을 해도 돈 많이 벌어들이는 부자의 사업가 기질이 강해서 언젠가는 내 사업을 할 사람이기에 하는 말입니다.
　재물의 별이 쇠인 사람들에게는 쇠를 다루는 기술이 좋다고 하지요, 그래서 자동차와 관련 된 사업도 좋고 자동차를 만들고 고치고 수리하는 기술도 정성에 맞습니다. 또 자동차를 세차하는 일도 좋습니다. 사주에 물이 없으니 물과 인연 있는 물로 차를 닦는 세차업도 일종의 좋은 직업이 될 수 있답니다. 이런 것은 참고적으로 하는 말이고 하라는 말은 아니고 본인이 잘 할 수 있고 좋아하는 업종이 무엇인지 본인이 판단 하시바라며 꼭 면허 자격증으로 살아가는 팔자라는 것을 명심하기 바랍니다.
　사주이야기를 하자면 하룻밤을 새어가면서 이야기해도 다 못한답니다.
　오늘은 여기까지입니다. 혹 궁금하고 물어보고 싶은 것이 있으시다면 분야별로 문의 하세요, 성의 것 답변해드리겠습니다.

　위 내용은 본인에게 전달 된 사주이야기 인데 부친께서 취업준비는 안하고 매일 컴퓨터 앞에서 게임 만 하면서 무기력하게 살아간다는 말을 듣고 본인이 자신의 사주를 알면 개선해 나갈 수 있을 것 같아 쉽게 풀어 사주이야기를 해준 내용입니다. 이 청년은 군제대하고 집에서 쉬고 있는 "취준생" 입니다. 필자는 이런 식으로 자신에게 자신의 사주를 알려 줌으로 자각하여 잘 된 경우를 많이 경험 했기에 가끔은 소모적이기는 하지만 이런 방법을 씁니다.

坤命	丁卯	壬寅	甲辰	戊辰			
수	3	13	23	33	43	53	63
대운	癸卯	甲辰	乙巳	丙午	丁未	戊申	己酉

삶이 고달프고 잘 안 풀리는 팔자입니다. 地支全局이 木方局을 이루었네요, 丙화로 설기시키면 木火通明에 食神生財로 좋아지겠는데 丁화는 壬수를 만나 기반(羈絆) 되어 제 역할을 못하고 답답합니다, 春不用金 이라고 봄 나무라 제아무리 巨木이라도 金을 쓰기 두렵고 무력 한 金은 차라리 오지 않는 것이 좋을 듯합니다. 그나마 다행인 것은 대운이 南方火鄕地로 흘러 기대해 볼만합니다만 寅卯辰년이 걱정입니다.

坤命	戊寅	甲子	壬寅	戊申			
수	9	19	29	39	49	59	69
대운	癸亥	壬戌	辛酉	庚申	己未	戊午	丁巳

위 여성은 陽八通 사주에 子월의 壬수로 식상이 태왕하고 인수가 무력하니 삶이 고달프겠으나 일복은 타고나서 젊어서부터 쉴 새 없이 일했을 것이며 官星이 고립되고 허한데 배우자궁이 충살까지 먹어 청춘과부를 면할 길이 없었겠다. 겨울철 물이 많은 나무를 키워야 하니 얼마나 힘겹고 심신이 고달프고 고생이 많았으나 이 사주는 중년이후 南方火運에 발복하는 팔자이며 무

병장수하는 팔자요, 식상이 발달되고 재성이 암장되어 보이지 않는 돈이 많은 사주이다.

이 사주는 겨울철 壬수가 食神木이 태왕 하여 겨울나무를 키우는 사주인데 火는 없고 凍土凍水로 나무를 키워야 하니 얼마나 힘든 삶을 살아왔을 것인지 가히 고달팠던 지난날들이 주마등처럼 스쳐간다. 관살이 무력하여 남편복은 없고 어찌 보면 食神 子孫木이 희신 같아 보이지만 도움이 안 되는 木이니 자손복도 없을 것이고 부부인연은 배우자궁이 충살로 충거 된 상황이니 일찍이 과부팔자였을 것이니 가히 그의 삶을 짐작하고도 남음이 있다. 다만 사주의 구성으로보아 파격임은 분명하지만 대운에서 南方火운이 노년을 기다리니 말년의 삶은 순탄하리라.

本命은 火土운에 發福할 것이며 丁巳大運中에 貴人을 만나고 丙辰大運에는 萬事亨通할 것이다.< 丁巳運은 丁壬合 귀인을 만나는 운이고 巳가 寅巳申 三刑을 하지만 고달픔 속에 기쁨이 있는 형상이며 丙辰대운에 좋다는 이유는 丙화로 추위를 녹이고 土로 제방을 쌓고 食神목이 뿌리내리고 꽃이 활짝 피는 형상이니 어찌 기쁘지 않겠는가,>

[사실관계]

일찍이 결혼하여 아들 둘을 낳았으나 하나는 일찍 여의고 남편은 40대 후반 사별하고 청춘과부로 안 해본일 없이 궂은일 다하면서 아들하나 바라보고 살았는데 아들여석은 50이 넘도록 독신으로 살고 두주불사에 막노동하며 살아간단다. 그런데 기가 막힌 일이 발생했답니다.

丁巳大運中인 70대중반에 환자 병간호하는 일자리 구해

그 환자를 지극정성으로 돌봤는데 그 남자환자가 연금을 많이 받는 독신 남자이었답니다. 아내와는 이혼하고 아들딸들은 장성한지라 부친 간호를 소홀이 하던 중 이 여자 분의 지극정성으로 간호해주는데 감동하여 아들딸들의 반대에도 불구하고 혼인신고를 하고 나는 내 살아있는 동안 이 여자에게 의지해 살아가겠다고 공포하였는데 그 후 몇 달 살지 못하고 세상을 마감하게 되어 현재 매월 일백 사십여 만원씩 꼬박꼬박 연금을 받아 부자 부럽지 않게 살아간단다. 이런 경우는 전설 같은 이야기이지만 실제 있는 상황이다.

제 2 부
실 전 편

제 1 장
韓國財界의 巨星들
한국재계를 이끌어온 큰 별들

<1> 한진 그룹 창업자 조중훈 회장

 한진 재벌은 전후 조 중 훈 씨가 "韓進商事公司"라는 상호로 회사를 시작하여 대한항공, 한진상사, 한일개발, 한국기장, 동양화재보험, 경기은행 등을 설입 하여 한진 재벌로 성장시킨 한국재계의 1세대 큰 별 이다.

乾命	庚申	戊寅	己亥	乙亥		
수	8	18	28	38	48	58	68
대운	己卯	庚辰	辛巳	壬午	癸未	甲申	乙酉

 寅月의 己土가 乙亥時를 만나고 다시 일지에 亥水를 놓았으며 年柱 庚申金이 双亥水를 근원으로 지원 傷官生財로 이어지는 사주로 기업가적 기질이 강하다. 또한 지지전국이 역마성이 강해 세계를 무대로 하는 운수 운송업이 길하였으며 사주구성은 2土 2金 2水 2木 으로 오행이 균형을 이룬 점도 돋보인다. 인수가 없는 것이 염려스러운 점이었지만 28세 대운부터 30년간 南方火鄕地로 운행하여 저력을 과시 승승장구 할 수 있었다고 본다,

本 命造는 寅월생이고 亥中甲木이 쌍으로 있고 乙木이 투출 되어 관살이 강함으로 印綬인 火가 있어 殺印相生함이 最吉이지만 無印星이어서 庚申金으로 制殺하여하나 申金은 寅申沖하는 관계로 庚金을써서 合殺(乙庚)하는 것이 더욱 효과적인 형상이다. 이 사주에서는 水木은 忌神이고 火土金은 吉神이된다. 本 命局을 자세히 살펴보면 殺引常生은 불가하므로 傷官制殺함이 이로운데 庚申이 有力하여 좋았고 대운흐름이 힘을 보태주었고 말년의 서방금운도 用神운이라 큰 어려움이 없었을 것이다.

이와 같이 오행의분포가 고르고 부족함은 대운에서 채워주면 승승장구하면서 하고자 하는 일 들을 성취 할 수 있구나 하는 것을 실례로 보여준 사주이다.

일간 己土의 특성은 낮고 습기가 많은 땅이나 土 자체가 중성이므로 만물을 모아 감출 수 있다. 그리고 己土는 부드러운 흙이므로 목이 극하지 않고 뿌리를 도우므로 木剋 함을 심히 근심하지 않으며 水를 저장 할 수 있는 능력도 있어 水가 많음도 두려워하지 않으며 약한 火로 습기 많은 땅을 生할 수 있고 金이 많은 경우는 己土의 습기로 인해 광체를 낼 수 있다. 그러나 만물이 왕성해지려면 따뜻한 火의 기운으로 힘이 있는 土가 되어야 한다.

<2> 대우그룹 창업자 김 우 중 회장

대우 재벌은 신흥재벌로 32세 젊은 나이에 친구와 공동으로 大宇實業을 창업하여 승승장구하면서 전자화학 조선 기차 기계 증권 금융 등 대재벌로 성장시킨 창업 1세대 한국재계의 큰 별이다.

乾命	丙子	庚子	乙亥	己卯		
수	6	16	26	36	46	56	66
대운	辛丑	壬寅	癸卯	甲辰	乙巳	丙午	丁未

本 命造는 金水太旺으로 수다목부(水多木浮)될까 염려되는 사주이다. 金水는 忌神이고 木火土는 喜神이며 强弱으로 말하자면 身强사주에 偏印格이고 조후용신으로 火를 써야 할 命局으로 봐야 할 것이다. 본 命造는 갖출 것은 다 갖춘 사주로 추진력이 강한 것은 子月의 여린 木이라도 亥卯로 木局을 이루었고 身太旺에 년간 丙火로 설기시키니 막힘없는 삶으로 사업을 크게 성장시킬 수 있었으며 대운역시 東方木운에서 南方火운으로 흘러 좋았으나 丁未대운에 들어서면서 亥卯未 三合木局으로 재벌기업이 흔들리기 시작하더니 1999년 己卯년에 분해 된 것은 여러 가지 사정이 있지만 사주학적으로 볼 때 군비쟁재(群比爭財)로 인한 것이었고, 2019년 己亥년 82세로 세상을 뜨게 된 것도 戊申대운 이었으니 戊己土 財가 生官함으로인여 사망에 이른 것이다.

<3> 포항종합제철 창업사장 박 태 준 회장

박태준회장은 육사출신으로 박정희 정부당시 최고회의 비서실장으로 37세에 예편하여 경제계에 들어서 39세에 대한중석사장, 42세에 포항종합제철사장으로 취임하여 크게 두각을 나타내더니 62세에 다시 정계에 입문 국회의원 당대표최고위원 등으로 활동한 한국 정재계의 큰 별이다.

乾命	丁卯	己酉	甲子	戊辰			
수	6	16	26	36	46	56	66
대운	戊申	丁未	丙午	乙巳	甲辰	癸卯	壬寅

本 命造는 正官格 身弱사주지만 失令은 하였어도 년지 卯木 羊刃이 扶助하고 일지 子水 正印의 도움과 시지 辰土에 뿌리내릴 수 있는 명조라서 甲木으로 서의 당당함이 있어 정재계에서 거물이 될 수 있었던 것이다. 대운역시 申未 운까지는 고생하는 운이지만 丙午 乙巳대운부터 발복하여 東方木運에 크게 빛을 본 것은 역시 甲木이 약간 허약한데 뿌리내릴 수 있어서였다고 본다. 本命은 土金은 불리하고 水木火운은 발복하는 명국으로 五行全具에 周流無滯로 中和를 이룬 대표적인 사주이다. 아울러 생전에 그의 강직하면서도 부드러웠던 성품은 정관격 甲木 일간이 子辰水局으로 印綬局을 이루었기에 품격과 위세가 당당했다고 본다. 학습차원에서 本 命局을 세밀하게 분석해 볼 필요가 있다.

우리는 사주해설에서 주로 사용하는 단어인 역술용어 "五行全具에 周流無滯로 中和를 이룬"이라는 문장을 잘 이해하고 넘어가야한다.

오행전구(五行全具)는 오행을 모두 갖추었다는 말이지만 편고(偏枯) 된 상태에서 모두 갖춘 것이 아니고, 2木 1火 3土 1金 1水로 고르게 또 水局을 이루어 원래 3：5 사주에서 4：4 사주로 균형을 이루었고, 주류무체(周流無滯)라는 말은 고르게 두루두루 막힘이 없이 흘러간다는 말인데 생생불식(生生不熄-꺼지지 않고 살아있는 사주)과도 일맥상통 (一脈相通)하는 말로 命局을 살펴보면 年支 卯木에 年干 丁火에게 木生火로 도와주고 丁화는 己토 에게 己土는 다시 월간 酉金에게 酉금은 일지 子水에게 도와주면 子水는 일간 甲木에게 도와주는 형상을 일컬은 말로서 中和라는 말 역시 서로 화합하고 싸우지 않는 다는 말들이 모두 내포된 단어라고 생각 하면 된다. 여기서 주의 깊게 살펴 볼 대목은 卯酉沖이 될 때 옆에 卯와 子가 좌우에 있다면 酉금은 먼저 生을 택한다는 말로 沖의 역량이 작아진다는 의미도 있어 사주의 판(局)이 맑게 짜여 져 있다는 말로 해석하면 된다. 이와 같이 원국이 중화를 이룬 사주는 살아가면서 크게 고통이나 재난을 받지 않고 안정되고 평안한 삶을 살게 된다는 것이다.

<4> 금호재벌 2대 경영인 박 성 용 회장

박 성용회장은 금호그룹 2대 계승인으로 부친 박 인천회장께서 1946년에 설립한 금호고속을 모태로 하여 금호산업 아시아나항공까지 운수업으로 고속 성공한 재벌이다.

乾命	壬申	壬寅	戊申	戊午
수	6	16	26	36	46	56	66
대운	癸卯	甲辰	乙巳	丙午	丁未	戊申	己酉

本 命造는 偏官格 身弱사주지만 失令 失支로 신약하다 지만 시주에 戊午 印比가 나타나서 힘을 보태어 좋아진 상태에 대운까지 청년기 30년간 南方火運으로 도와주어 승승장구하는 사주다. 火土는 기쁘고 金水木은 꺼린다. 四柱命局을 살펴보면 時支 正印이 화살식생 신위용(化殺食生身爲用-寅午合으로 寅木 七殺을 내편으로 만들고 食神生財로 쓰이게 하며) 財星이 년 월간에 나타나서 壞印시킴이 흠이지만 기쁜 것은 시간에 나타난 戊土 比肩이 制財하여 富와 貴를 모두 갖춘 사주가 되었다. 이 사주의 특징을 살펴보자면 陽 八通에 월지 편관 칠살을 놓아 성정이 곧고 꼬장꼬장하며 만만치 안은 성품으로 옳고 그름을 분명히 하는 신용본위(信用本位)의 사람이다.

<5> 삼성재벌 차자 경영인 이 창 희 회장

　　삼성그룹은 고 이 병 철 창업자인 부친께서 1938년에 삼성 상회로 시작한 사업이 세계적 대기업으로 성장시켰고 2대 계승인으로 삼남인 이 건 희 씨가 결정 되면서 계열사간부로만 재직하다 새한그룹을 창업했지만 58세 젊은 나이에 혈액 암으로 숨지고 그 후 아들 이 재 찬 씨도 자살하는 등 가족사가 안 좋은 불운의 사나이였다.

乾命	癸酉	丁巳	庚寅	己巳		
수	6	16	26	36	46	56	66
대운	丙辰	乙卯	甲寅	癸丑	壬子	辛亥	庚戌

　　本 命造는 偏官格 身弱사주로 失令 失支로 失勢로 신약 하며 조열한 사주다, 巳월의 庚금이 巳시를 만나고 丁화까지 월간에 透干 되어 조열한 팔자에 일지 寅목은 生火하고 년간에 癸水가 있다지만 丁火에 沖去 당해 별무소용이니 불기가 하늘을 찌를 듯 하는 팔자이다. 木火는 忌神이고 土金水가 喜神이 된다. 대운까지 청년기인 35세까지 東方木운으 로 흘렀으니 사주도 별볼일 없는데 운까지 안 좋아 엎 친데 겹친 격으로 불운의 사나이가 된 것이다. 본 명조는 사주의 命局이 좋지 않다. 1木 3火 1土 2金 1水로 4 : 4 사주지만 월일시지에 木火가 놓이고 월간에 丁화까지 떠서 火氣衝天에 대운까지 청년기에 木운으로 흘러 좋지 않았으며 북방

수운도 亥水대운은 불길함이 보인다, 旺神冲發로 죽고 사는 문제가 발생 한다더니 1991년 58세 辛未년 乙未월에 生을 마감 했다니 대운은 辛亥대운으로 巳亥冲을 했고 이었고 辛未년에 乙未월은 燥土로 土生金은 커녕 오히려 火기를 보태고 있으니 火는 혈로 혈액 암으로 죽을 팔자였던 것이다.

사주를 볼 때 金水는 좋고 木火는 나쁘다고 한다 해도 위와 같이 왕신을 冲하는 운에는 비록 水라도 불길하다는 것을 항상 염두에 두어야 한다.

<6> 럭키금성 재벌 2대 경영인 구 자 경 회장

럭키금성그룹은 그룹은 고 구 인회 구 철회 형제가 1947년에 럭키화학공업사로 시작한 사업이 럭키치약으로 크게 성공하면서 전자 금융 증권 등 전자업계의 선두주자로 현 LG그룹으로 성장 발전시켰고 2대 계승인으로 구 자 경 씨가 총수가 되었다.

乾命	乙丑	庚辰	戊寅	乙卯		
수	6	16	26	36	46	56	66
대운	己卯	戊寅	丁丑	丙子	乙亥	甲戌	癸酉

本 命造는 正官格 또는 假從殺格으로 볼 수 있는 사주로 3 : 5 로 신약하지만 3劫比에 得令하여 身虛한 命造는 아니다. 단 寅卯辰 木方局을 이루고 乙木이 쌍으로 투출 되어 假從殺格으로 볼 수 있다고 한 것이고 無財四柱라도 食神이 有力하여 재벌의 총수가 될 수 있었던 것이다. 대운 역시 청년기부터 財星 운으로 흘러 상속받은 재산을 지키고 가업을 발전시킬 수 있었으며 뚝심이 대단하고 돌다리도 두들겨 갈 정도의 확실성이 강한 명조라서 실수를 범하는 일이 없었을 것이다. 1995년도에 럭키금성을 LG로 바꿔 전자부분을 석권하면서 한국3대재벌로 승승장구 하고 있는 것이다. 현재 구본무의 동생 구 본능의 아들 구 광모를 양자로 하여 재벌 승계자로 대를 이어 가고 있다.

제 2 장
<1편>
女, 性 문제로 추락한 政界의 巨星들
여, 성 문제로 한방에 훅 간 정계의 큰 별들

　미투에 걸려 추락한 대표적인 정계 인물들은 대체적으로 지방자치단체장들로 첫 번째 주자가 충남지사 안 희 정 이었고 두 번째 서울시장 박 원 순 이었으며 세 번째가 부산시장 오 거 돈 이었으니 이 세 사람 모두 민주당 인물들로 추앙받던 거물들이었다는 점인데 이 사람들의 DNA는 어떤 분자들로 구성 되었는지 살펴보기로 하겠다.

<1> 안 희 정 충남 도지사
　사주를 간명하기 전에 본 술살의 솔직한 심정을 가감 없이 표현하고자 합니다. 2018년 3월 5일 저녁 안 희 정 충남지사 성폭행사건이란 뉴스를 접하고 밤잠을 설쳤습니다. 안 희 정 과는 일면식도 없지만 애정을 가지고 지켜보던 관심 있는 정치인이었기에 더욱 놀랐고 가슴이 저려왔습니다, 못난 놈! 사나이가 여자 탐하지 않는 놈은 살아있는 놈이 아닐 진데 여자하나 관리 제대로 못해 신세조지고 그동안 일구어놓은 모든 것들이 하루아침에 무너져 내렸으니 말이다. 술사친구가 입버릇처럼 말하든 잘난 놈이나 못난 놈이나 사람은 1인분이여. 생각하는 것이 그저 그 놈이나 그놈이나 다를 바

없다는 말이 떠오른다. 연민의 정일까, 고향이 충남인 사람으로서 충남지사가 미투에 걸렸다니 기가 찰 노릇이다. 미투, 미투, 이제 끝내야 할 것 같다. 이러다가 대한민국 남자들 자존심상해 어디 얼굴 들고 활보 할 수 있겠나,

1964년10월28일사시생						
乾命	甲辰	乙亥	甲申	己巳		
수	2	12	22	32	42	52	62
대운	丙子	丁丑	戊寅	己卯	庚辰	辛巳	壬午

용 띠 생 남자가 초겨울인 亥월에 甲木이라는 巨木으로 태어나고 오행을 고르게 다 갖추었으니 일단 그릇은 큰 그릇으로 타고 났다, 그런데 뿌리를 내리지 못하여 무너질 땐 사정없이 무너질 수도 있겠다는 생각이 든다. 그 이유는 甲乙목이 천간에만 뜨고 지지에 뿌리내리지 못했기에 한 말이다. 어쩌면 지지는 물바다라 해도 과언이 아니다. 辰土는 습토로 申금이나 亥子水를 보면 물 행세를 한다, 거기에 巳申은 刑도 되지만 합하면 水로 변한다. 그러니 물속에서 자란 濕木이니 언제 난리가 날지 모른다. 木性이 강해 근본은 착한사람이고 巳화 食神이 時支에 있어 사회생활 대인관계 원만하고 다정다감할 것이다. 그러나 재성이 甲己합하고 있어 여성편력이 심하다 하겠다. 그런데 己土가 巳화 위에에 놓여있어 불안하다, 巳申刑을해 언제 어떻게 될지 巳화는 행동인데 행실 잘못하면 문제가 발생 할 수 있는 사

주이다.

2018년 戊戌年 운세를 살펴보자,

戊戌土가 재성으로 여자인데 辰戌 沖한다, 巳戌 원진도 붙고 대운은 辛巳대운으로 辛금은 정관으로 겁재 乙목을 다듬어주고 좋으나 巳화가 문제인데 경거망동하면 관재구설 수로 불리한 운세에 2월5일이면 月運은 乙卯이고 日運은 丙申이다. 乙木은 겁재이고 卯목은 申卯귀문으로 정신이상 될 정도로 돌아버리는 운이고 丙화 식신이 설기하고 申금이 다신 刑을 한다. 성폭행 발설 된 날이다. 6일인 丁酉일에 도지사 사표 냈다. 이날은 傷官見官의 날로 활동이 정지되고 官이 상하는 날이다. 戊戌날 밤 戌시에 다시 2차로 성폭력피해자가 나타나서 뉴스에 발표된 날이다. 이사람 지금 심정이(申卯귀문 관살의 달로) 돌아버릴 정도일 것이다. 2004년 甲申년에 구속된 것도 형살 해였고 2010년 庚寅년에 寅목에 뿌리내린 甲목을 庚금이 다듬어준 결과로 도지사 당선 된 것이고 2014년 乙酉 년도 酉금 정관에 乙목이 힘이 되고 乙목이 庚금을 불러들여 다듬은 결과로 도지사 재선 한 것인데 워낙 허약한 사주라서 하루아침에 무너진 것이다.

이와 같이 그동안 일구어 놓은 것들이 하루아침에 그것도 여자 문제로 이런 일이 벌어졌다는 점이 이 사람들에게는 천추의 한으로 남을 것이며 교도소에서 참회하면서 살아야 할 것이다.

<2> 박 원 순 서울특별시장

　서울시장 박 원순이 실종신고 되어 세상을 온통 떠들 썩하게 하더니 결국 자살로 생을 마감하고 서울대학교 장례예식장에 안치 되었답니다. 극단적인 선택을 하게 된 것이 또 여직원 성추행문제라니 대한민국 남자들 망신은 도지사 시장 놈들이 다하고 있습니다.

[2020. 07. 9. 사망]

1956년02월15일辰時生						
乾命	丙申	辛卯	壬辰	甲辰		
수	3	13	23	33	43	53	63
대운	壬辰	癸巳	甲午	乙未	丙申	丁酉	戊戌

　四柱가 五行全具에 傷官格으로 삶이 무난할 것 같았는데 戊戌대운에 문제가 발생합니다. 壬辰 괴강과 甲辰 백호가 辰戌沖으로 발동이 걸리면 급격한 변화가 발생합니다. 육친으로 七殺이니 관재구설 사고로 보아야 하는 대운인데 庚子년이 문제입니다. 이 사주는 식상이 용신이면서 설기구로 막히면 문제 되는 팔자거든요, 특히 물을 흘려보내야 하는데 木이 水路인데 물길이 막히면 죽고 사는 문제가 발생하게 됩니다. 일간 壬水는 약한 물이 아닙니다. 兩 辛申金이 生水하고 辰土 水庫地를 둘이나 차고 있어요, 그런데 庚子년이 되면 甲庚沖 子卯刑으로 물길인 木이 傷합니다. 또 癸未월 癸丑일이면 답답하지요, 물은 쏟아지고 물길은 丑未土까지 합세하여 막아 버리니 죽을 수밖에 별 도리가 없는 날입니

다. 食傷이 用神일 때 倒食運을 만나면 안 좋습니다.

　박 원순 사주는 오행전구에 조화를 잘 이루면서도 어딘지 모르게 문제점이 있는 사주지요, 첫째 서울 시장 재선까지 하고 서도 사후에 보니 부자는커녕 빚이 많았다고 합니다. 그 이유를 살펴보겠는데요, 本命은 無財 사주나 다름없는 팔자지요. 丙火 편재가 年上에 나타났어도 丙辛합으로 묶여 버렸고 傷官生財로 연결되기가 퍽이나 어렵게 구성 되어서 재물과는 인연이 없습니다. 어차피 선비로 명예를 추구 하면서 살아야 할 팔자인데 財를 탐하면 불행해 지기 시작 한 것입니다. 박 원순이가 무슨 돈을 탐했느냐고 하시는 분들도 있겠으나 財가 재물과 여자잖아요, 여자를 탐하면 재앙이 오는 사주인 것을 모른 것입니다. 자고로 여자로 인하여 패가망신하는 사람들이 세상에 어디 박 원순뿐이겠습니까? 근래 대표적인 인물로 안 희 정 충남지사 오 거 돈 부산시장 등 부지기수 아니겠습니까? 官으로 살아가야할 사람들이 財를 탐하면 문제가 반드시 발생 합니다. 안 희 정 도 오 거 돈도 명예를 추구하는 사주지 재를 탐하는 사주가 아니었거든요,

　명리학계의 대부 대전 박 도사님은 과거 대전에 부동산 붐이 일던 시기에 제자들이 부동산에 투자하시라는 권유를 일언지하에 거절하셨다는 일화가 있는데 그분이 하신 말씀이 "내 팔자는 財를 탐하면 일찍 죽는 팔자니" 나 오래 오래 命대로 살고 싶다네 하셨다는 것 아닙니까? 사람들은 팔자대로 살아가야 별 탈이 없는 것을 우매한 인간들이 욕심에 禍를 불러오는 것이다.

倒食運 바로보기

　보통 도식 운에는 죽고 사는 문제가 발생한다고들 합니다. 도식에 대한 자세한 설명이 필요할 것 같습니다. 倒자는 넘어질 도자로 넘어지다 죽다 넘어뜨릴 도자가 되고 食자는 밥식자로 밥그릇을 의미하므로 밥그릇이 넘어졌다, 가 정상적인 직역이 되는데 사주용어로의 倒食은 육친으로 편인 운을 만나서 식상이 강하게 극 당하는 현상을 말하는 것으로 해석하면 되는데 食이란 보통 밥 밥그릇으로 밥그릇이 넘어졌다 넘어뜨렸다, 로 보아서 하는 말인데 식상은 활동의 별로도 보고 수명으로도 보기 때문에 죽고 사는 문제같이 큰일이 벌어진다는 것이죠, 더 자세히 설명하자면 하던 일 중단, 일의 진행 차질, 경제활동에 제동이 걸리고, 건강이상이 발생한다. 젊어서 도식 운이 오면 활동성 위축, 직업이 끊어지다, 로 활용하지만 나이 들어 도식 운을 만나면 밥숟가락 놓는 것으로 보는 것이니 건강 수명 등을 거론 하게 된다. 위 박 원순에게 도식 운을 적용하자면 庚子년을 만나서 庚금은 편인이고 子수는 겁재인데 庚金은 식신 甲木을 甲庚沖 시키고 子수는 卯목 상관을 刑합니다. 용신이 상하여 이런 불상사가 발생 한 것이다.

<3> 오 거 돈 부산광역시장

충남지사 안 희 정은 구속 수감되고 서울시장 박 원 순은 자살로 생을 마감 하고 부산시장 오거돈은 불구속 상태에서 재판받다가 법정구속 되는 등의 일이 발생한 것들을 모아보면 모두 부하직원들을 성추행한 혐의인 것을 보면 참으로 딱하고 못난 놈들이라는 생각이 든다. 오 거 돈의 사주는 여러 사주가 인터넷에 돌고 있어 가장 근접한 사주 하나를 골라 올려보려고 합니다.

1948년10월28일寅時 生				
乾命	戊子	癸亥	丁巳	壬寅
수	3	13	23	33	43	53	63
대운	甲子	乙丑	丙寅	丁卯	戊辰	己巳	庚午

위 四柱의 특징은 合 沖 刑의 기운이 많아 지조 없는 사람이란 단점을 가진 사주이다. 삶이 순탄치는 않을 것으로 보인다. 초겨울 丁화라도 印劫을 갖춘 불이라 약한 불은 아니다. 亥中壬수가 癸水로 월간에 투출 되어 관살이 유력하므로 관공서에 근무하는 공직자사주로 봐야겠다. 合多有情이라 했다, 유난하게 합이 많아 지조가 없이 흔들리는 사람이다. 월일주가 쌍 충으로 삶의 불안정을 유추해 볼 수 있다. 역마충이어서 활동의 변화가 보인다. 無財사주에 배우자궁에 沖 刑이 붙어 예사롭지 않다, 財를 탐하면 관재구설로 연결 되는 사주이다. 庚子년은 財生官 하여 官殺이 得勢하는 운이어

서 여자문제는 각별히 조심해야 하는 해였다.

庚子년 庚辰월은 庚金 정재가 상관을 달고 들어오는 달이고 丙申일 寅巳申 三刑이 걸리는 날로 사퇴가 불가피한 운이었으며 일 년 후인 辛丑년은 편재가 식신을 달고 들어온 해지만 甲午월은 印比달이고 해서 무사 할 것 같았지만 그 날이 戊申일 이었으니 戊土는 상관이고 申금은 寅巳申 三刑殺이 걸려 용코로 징역 감옥 가는 날이었다.

제 2 장
<2편>
女, 性 문제로 추락한 演藝界의 巨星들
여, 성 문제로 한방에 훅 간 연예계의 큰 별들

미투에 걸려 추락한 대표적인 연예계 인물들은 대체적으로 감독들이 많았고 연예인들도 많았지만 교수라는 직함으로 추태를 부린 연예인들도 있었으니 알량한 완장이 그들을 망치게 했던 것이다.

<1> 팔자대로 살다간 김기덕 감독의 사주입니다.

영화감독 김기덕님의 사주로 사주팔자를 자세히 들여다보면 여자 없이는 못사는 팔자다. 왜? 여자를 그렇게 좋아해야 했으며 그럴 수밖에 별 도리가 없는 사주이구나 하는 생각이 듭니다. 그런데 말입니다. 여자 없이도 못살지만 여자를 좋아할 수밖에 없었던 운명과 여자 때문에 망가지는 형상이란 점도 빼놓을 수없는 특징이란 점을 미리 말씀드리면서 사주팔자의 본질을 대강 알았으니 이제부터 본론으로 들어갑니다.

1960년11월03일진시생							
乾命	庚子	戊子	壬午	甲辰			
수	5	15	25	35	45	55	65
대운	己丑	庚寅	辛卯	壬辰	癸巳	甲午	乙未

　쥐 띠 생 남자가 寒冬인 子월의 壬水라는 바다 물로 태어났습니다. 물이 본연의 역할을 하려면 불인 丙午火 가 반드시 있어야만 따뜻한 물로 유유히 흘러가 생물인 나무를 키울 수 있겠는데 일지에 午火가 여자로서 예쁜 도화로 변해 자태를 뽐내고 있습니다. 꽁꽁 얼은 子월 의 물 壬水로서는 午火 여자를 좋아할 수밖에 별 도리 가 없는 운명적인 사주이었던 것입니다.

　주위를 살펴보니 가장 필요한 불인 火가 있고 뿌리가 되는 子水와 수원지인 庚金도 있으니 얼지 않은 물로서 물 역할이 잘 될 수 있는 여건을 갖추었습니다. 물인 壬水가 물 역할을 잘 하려면 물길인 水路가 열려야 하 는데 수로는 甲寅 巨木이어야만 물길이 확 열리게 되지 요, 다행이 時干에 甲목이나 타나고 戊辰 2土가 뿌리내 리게 해주니 왕성해진 甲木이 불을 지펴주어 이정도면 사주구성이 문제가 많다고 볼 수는 없고 더욱이 좋았던 것은 대운의 흐름이 동방木운에서 남방火운으로 운행 되어 조후가 잘 되어 큰 문제없이 잘 살아왔을 것이다. 운세 흐름상으로 보아 54세 癸巳대운까지는 무난한 운 이었지만 甲午대운은 승승장구하다 고꾸라지는 형상이 보인다. 년 월지 두 양인을 놓은 팔자가 원국에서 子午

沖함도 문제지만 대운에서 子午 沖으로 들어가면 큰 변화가 발생되는데 戊戌년은 편관 칠살 운이니 관재구설에 감옥안가는 것이 다행으로 봐야 할 팔자이니 이 또한 운명이라 말하지 않을 수 없겠다. 미투에 휘말리는 것도 운명이라고 봐야 한다. 이런 사주는 水路인 甲木이 傷하는 해와 양인 子수가 午화와 沖하는 사주에 다시 子수나 午화를 만나는 해에 반드시 큰 재앙을 만나게 된다. <여기까지가 무술년 미투가 발생하였던 때에 써 놓은 글이었다.>

그런데 庚子년 戊子월에 외국에 나가 코로나로 사망했다는 보도가 있어 2020(庚子)년에 왜 이런 일이 발생했는지를 살펴보기로 하자.

庚金은 用神 甲木의 七殺로 甲庚沖하면 水路가 꽉 막혔다고 보아야 하고 子水양인은 子午沖으로 재성인 午火와 충돌 한다. 戊子월 이라면 戊土는 子水 양인의 七殺이고 다시 子午 겹으로 쌍 충을 하게 되는데 이런 운에는 용빼는 재주가 없다. 生死의 문제가 발생 할 수밖에 없는 운이라고 봐야 한다.

지금부터 왜 이 사람이 여성편력이 많았는가를 살펴봐야 하겠다. 子年子月 辰時生의 壬水일간이다. 차가운 凍水인데 일지에 午화가 놓여 있음이 이 사주의 핵이다. 午火는 재성으로 다다익성(多多益盛)이라 여자를 탐할 수밖에 별 도리가 없는 팔자였다고 본다.

<2> 스스로 던지고 버리는 조민기의 사주입니다.

　영화배우 겸 교수였던 조민기의 사주는 재다신약의 팔자로 특히 여자를 멀리해야 하는 사주였습니다.
조민기가 미투 사건에 연루되어 자살한 날이 2018년 3월 9일이였는데 戊戌년 乙卯月 庚子일 이었다고 합니다.

1965년10월13일사시생						
乾命	乙巳	丙戌	癸亥	丁巳		
수	9	19	29	39	49	59	69
대운	乙酉	甲申	癸未	壬午	辛巳	庚辰	己卯

　뱀 띠 생 남자가 늦가을인 戌월의 癸水라는 맑고 작은 물로 태어났습니다. 물은 첫째 수원지가 있어야 하고 또 흘러 보내는 수로(水路)가 있어야만 하는데 수원지가 없어 쉽게 포기하는 성정이 있고 앞길을 막는 戊戌土를 가장 두려워합니다. 재다신약(財多身弱)한 팔자로군요, 1木 4火 1土 0金 2水로 구성된 2：6으로 癸亥일주이면서도 신약합니다. 丁癸沖 巳亥沖으로 財星과 天克地沖하는 팔자여서 여자를 경계해야 하는 사주였답니다. 28세 대운까지 인수대운이라 좋아서 공부도 잘 하고 진로결정도 잘 했을 것이고, 29세 癸未대운부터 48세 壬午대운 까지는 壬癸水의 도움으로 財官을 내 마음대로 부릴 수 있었을 것이나 辛巳대운으로 바뀌면서 만나는 戊戌년은 대단히 불리 한 운기가 감도는 해

입니다. 그 이유를 살펴보면 辛巳대운은 辛금이 수로인 乙木을 치고 巳화는 巳亥沖을 합니다. 다시 戊戌년의 戊戌토가 앞길을 막습니다. 인내력이 없는 계수로서는 감당하기 힘든 시기를 만나 자포자기(自抛自棄-스스로 던지고 스스로 버리는 것) 한 것입니다. 원국에 수원지인 인수가 없는 것이 결정적인 이유이죠,

<3> 연희 단거리패 감독 이 윤택의 사주입니다.

영화감독 겸 연출가인 이 윤택 의 사주는 상관성이 강하면서 겁재가 월간에 나타나서 독불장군으로 자기위주로 살아가는 사람이다. 이 윤택은 연희단거리패 감독으로 연출극작가로 유명한 사람이다. 미투 사건이 폭로된 날이 2018년 2월 14일이였는데 戊戌년 甲寅月 丁丑일 이었다. 그해 9월21일 재판에서 징역6년이 선고된다.

1952년윤5월18일인시생						
乾命	壬辰	丁未	丙辰	庚寅		
수	10	20	30	40	50	60	70
대운	戊申	己酉	庚戌	辛亥	壬子	癸丑	甲寅

용 띠 생 남자가 늦은 여름철인 未월의 丙화로 식상이 발달 되어 기획하고 연출하는 천재적인 소질이 있는 사람이다. 未中丁火가 월간에 투출되고 시지寅목이 長生地로 身旺한 사주에 시간에 庚금재성이 허투 되었으나 년일지에 습토인 辰土가 있어 그래도 財를 용신으로 쓸 수 있는 사주이다. 대운이 西北의운으로 흘러 그동안 명성을 드날리며 승승장구 하였으나 癸丑대운중 丑대운은 불미스러움으로 조심해야 하는데 이사람 戊戌년을 맞이하여 辰戌沖 戌未刑으로 식상이 動하여 대단히 불리하다 관재구설이 남무한데 甲寅월이라면 偏印월로 식상을 倒食하니 죽을 지경인데 丁丑일이라면 백호 丁丑이 다시 丑未沖動하였다. 수습불가지경에 이른다.

제 3 장
우리나라를 이끌어온 歷代 大統領의 四柱
우리나라를 이끌어온 역대 대통령들의 사주이야기

1, 초대대통령 이승만 대통령의 사주

대한민국 초대대통령 이승만 박사는 1952년 08월05일 피난지 부산에서 실시된 정부통령 직선제 대통령으로 당선 된다. 그리고 3선 개헌으로 제3대대통령에 당선 되지만 그해 4월26일 국민이 원한다면 하야한다는 하야성명을 발표하고 28일 경무대를 떠나 이화장으로 거처를 옮긴 후 병간호를 목적으로 그해 5월29일 하와이로 떠난 것이 바로 망명의 길이었다.

1875년02월19일자시생				
乾命	乙 亥	己 卯	丁 亥	庚 子
수	6	16	26	36	46	56	66
대운	戊寅	丁丑	丙子	乙亥	甲戌	癸酉	壬申

본 명조는 卯월의 丁화가 경자시를 만나고 다시 일과 년지에 亥수를 놓아 官殺이 太旺 하지만 亥卯木局을 형성 하면서 殺印相生으로 貴格이 된다. 고로 신강사주가 되어 시상 庚金을 쓸 수 있다. 대운 北方水운에는 임시정부에서 또는 미국에서 독립운동을 하느라 고생 하였으며 대단민국이 건국 되면서 초대대통령으로 취임하였고 1950년 경인년에 6,25전쟁이 터지면서 임시수도 부

산에서 1952년 8월 5일 정부통령 직선제로 제2대 대통령에 당선 된다. 辛未대운 壬辰년 丁未월 癸未일 이었으니 정관 壬수와 합이 되고 丁未월과 癸未일은 食神 未土와 癸水 官殺이 殺印相生하기에 당선으로 官을 쓰게 된 것이고, 庚子년 4월19일은 庚辰월 丁丑일로 4,19혁명의 날이고, 26일 하야성명을 발표한 날은 甲申일 이었으며 경무대를 떠난 28일은 丙戌일로 辛未대운의 辛금과 丙辛 合水 戌未刑하는 날이었다. 그해 5월 9일 辛巳월 丁酉일에 정계은퇴를 선언하고, 29일 辛巳월 丁巳일에 하와이로 망명을 떠난다. 甲申일은 木多火熄의 날이고, 丁酉일 역시 기신운이어서 모든 걸 내려놓고 망명길에 오른 것이다.

여기서 의문이 발생 하는데 본 命局이 庚金을 용신으로 써야 하는데 왜 庚子년에 政亂이 발생 하였는지 와 庚辰월에 문제가 된 것에 대하여 살펴보자면 庚金이 희신 임은 분명한데 년간 乙목에 묶이고(乙庚合)子수 관살과 辰토 상관이 극성하여 발생한 것으로 봐야 할 것이고 76대운인 辛未대운은 亥卯未 三合木局되어 木强金弱으로 子년은 庚金의 死地여서 하야해야 했고 91세 乙巳년에 세상을 떠나신 것은 庚午대운 庚금이 패지요, 庚금은 乙巳년의 乙木이 묶고 乙巳午 忌신이 왕림해서이다.

2, 제4대 윤보선 대통령의 사주

 대한민국 4대 윤보선 대통령의 사주는 살인상생으로 일시지 잘 발달 된 귀명의 사주로 부귀 겸전하는 팔자 입이다. 庚子년 壬午월에 대통령에 당선 되고 辛丑년에 하야하게 된다.

1897년07월15일묘시생							
乾命	丁酉	戊申	壬寅	癸卯			
수	2	12	22	32	42	52	62
대운	丁未	丙午	乙巳	甲辰	癸卯	壬寅	辛丑

 본 명조는 申월의 壬수가 癸卯時를 만나고 일지에 다시 寅木을 놓아 水路가 탁 트였다. 殺印相生도 되지만 財生殺 殺生印 印生我 我生食으로 이어지는 生生不熄의 命造이다. 고전에 이르기를 申월은 金旺水相하므로 壬癸 비겁은 金의 生으로 자못 실제 역량을 갖추었다, 그러므로 卯時 상관의 설기는 절대 염려 안 해도 된다. 오히려 가을의 나무는 영화를 들어내지 못하므로 乙목 상관이 투출해야 좋다. 乙木은 없고 재성인 火가 있으면 왕성한 金 인수를 녹이므로 나무가 존재 할 수 있게 된다. 이 사주는 乙木 상관을 취하므로 金 인수 보는 것을 크게 경계한다고 되어있는데, 실제 命造에 丁戊 財官이 뜨고 일지에 寅木이 놓여있어 조화가 잘 이루어진 象이 되었다. 특히 戊土가 있고 丁화가 도우므로 貴人이고 대운이 南東方으로 흘러 더욱 기쁘다.

사주를 자세하게 설명하자면

통변이라는 용어로 사주팔자를 알기 쉽게 이야기 하게 되는데 통변을 잘 해야 하므로 사주원국 오행의 기운을 보고 육친의 이야기로 통변해야하며 가급적이면 인간적인 개인의 모습으로서 해석 하는 것이 이해가 빠르므로 우선 원국을 알기 쉽게 간명(看命)해석하도록 하겠다.

일간(日干)인 임수(壬水)는 양수(陽水)로 숙살과 결실의 계절인 금왕절(金旺節)인 申월에 뿌리를 두니 이를 득령(得令)이라 하고 아울러 년 월지의 인성(印星) 신유금(申酉金)의 강한 생조(生助)를 받고 있으면서 시상에 겁재(劫財)癸水가 투출하여 있으니 신강(身强)하기 그지없다. 일간 壬수가 이렇듯 신강 신왕 하여 굽이쳐 흐르니 한시 바삐 일간 壬수를 제어하고 壬수가 中和를 이루어 大義를 펼칠 수 있도록 하여야 하겠는데 사주원국을 살펴보니 월간에 편관 무토(戊土)가 나타나 굽이쳐 흐르는 일간 壬수의 물결을 장엄한 堤防이 되어 임무를 수행할 수 있게 하며 일지에 인목(寅木)을 놓아 시지 묘목(卯木)과 더불어 설기(洩氣)로 수로(水路)의 역할을 하니 인간사에서는 막힘없는 삶을 살 수 있겠으며 일간 壬수는 중화의 묘를 실현 하는 형상이 되었다.

이처럼 사주원국이 적묘하게 년상의 정재 丁화를 기점으로 월간 戊토 에게 火-生-土 하고 월간 戊토는 년지 월지 申酉금에게 土-生-金 하며 월지 申금은 강력한 에너지이자 수원지가 되어 일간 壬수를 金-生-水로 生助 하며 일간 壬수는 일지와 시지인 寅卯木에 水-生-木

으로 오행이 순환이 잘 되어 사주원국의 오행 기운이 막힘없이 흘러 주류무체(周流無滯)하니 이런 명조를 생생불식(生生不熄)이라 이름 한다.

이처럼 오행이 편중됨이 없이 흘러가니 貴命이라 하겠으며 조상의 복과 덕이 쌓여 음덕을 이루고 부모형제가 다정하며 부부지간에 정이 있고 자식이 성공하여 말년이 풍요로운 기상이니 오복이 함께한 명조라 하겠다.

특히 사주원국의 오행이 막힘이 없이 흐르고 충파가 없으며 격국이 順하고 有氣하니 吉神의 길함은 배가되고 忌神의 흉함은 적거나 평안한 운으로 흘러간다 할 수 있을 것이다.

본 사주의 길신(吉神)인 희용신(喜用神)으로는 목(木)화(火) 토(土)가 되겠고 기신(忌神)으로 흉신은 金과 水가 될 것이다. 지금까지는 사주원국의 형체를 설명한 것이고 지금부터는 사주의 별인 星인 六親과 집인 宮을 위주로 설명하려 한다.

년주(年柱)는 조상궁(祖上宮)으로서 육친(六親)인 조부(祖父)의 이야기가 있는 자리며 조부(祖父)의 오행기운은 편인(偏印)으로 월지 신금(申金)이며 년주는 조상궁이기에 년주의 동태를 견하여 살펴본다. 편인 申금은 월지 시지의 寅 卯木의 재성을 바라보고 있으며 申금의 입장에서 년간의 정관을 월간 편인이 官印相生으로 이끌어 주고 있는바 귀(貴)를 견하고 아울러 재성 木局을 바라보는 형세이니 부(富)가 크다 할 것이며 재성은 육친으로 재물과 여자이니 재복이 많았음을 알 수 있다.

또한 월주가 십이운성의 장생지에 위치하고 사주가 주류무체 되어 상생하고 있다. 더하여 조부의 육친 오행인 申금이 역마(驛馬)와 吉星인 귀인에 위치해 있으니 조부께서는 학식과 덕망이 있으신 분이며 아울러 많은 곳을 유람하신 분이며 분주다사 한만큼 복과 덕이 있음을 암시하고 타오르는 열정과 정력을 어느 누구도 꺾지 못할 기상을 겸비한 분이라는 것을 알 수 있다.

조부궁은 년주 이므로 년주의 동태를 살펴보자면 십이운성으로 목욕지에 해당하므로 씀씀이 또한 컸을 것이며 사치와 낭비 또한 있었을 것을 암시하며 더하여 호색하였음을 알 수 있다.

월주는 부모 형제궁(父母兄弟宮)으로서 부모와 형제의 이야기가 있는 곳이다. 아버지는 편재로서 월주에 오행 기운이 자리하지 않고 년간에 정재 丁화가 자리하고 있음으로 정재 丁화의 성정과 작용을 보고 또한 월주의 동태를 견하여 감명하여야 하는데 어머니의 육친오행은 정인에 해당하며 년지 酉금의 성정과 월지 편인의 동태와 성정을 보고 판단한다. 아버지의 육친오행인 丁화는 丁壬合을 이끌고 있으면서 재성 金을 깔고 있음으로 그 분 또한 재물과 호색함을 겸비하여 호탕하였을 것이다.

또한 씀씀이 또한 남달리 컸을 것임을 암시하므로 사치스러움이 많았을 것이다. 더하여 아버지의 성정 또한 조부와 크게 다를 바가 없으며 그분 또한 비슷한 성정과 심성을 가진 분이시며 강직하였다 할 수 있겠다. 분주다사함 속에서 자신의 富와 貴를 지키고 쌓았을 것이며 청년과 같은 밝고 맑은 기상을 감히 어느 누가 꺾을 수 수 있었겠는가 말이다. 부(富)와 귀(貴)를 대물림으로 지키신 분이라 할 수 있을 것이다.

일간 壬수의 입장에서 월주(月柱) 부모궁을 보면 월지 편인의 강한 生助를 받고 있음으로 냉정한 일면 속에 총명하고 계산적이며 한 가지 일에 만족함 보다는 두 가지 이상의 업무적 일처리의 속성과 마음으로 인하였을 것이고 또한 부모의 성정을 이어받았으며 자신 또한 청년기와 중년기를 맞이하여 분주다사하고 배움으로 인하여 이국 만리 타국행을 하였을 것이다. 일간 壬수가 월간의 戊토 편관을 바라보고 있으니 戊토의 속성과 성정은 편재와 편인이라. 편재는 투기성 재물에 해당하니 한푼 두푼 알뜰하게 재물을 모으는 정재의 속성과는 반대로 일확천금을 거머쥐려 하는 성정을 갖는 것이다. 편인의 속성은 정이 없는 모친과 같으며 이해타산이 빠르고 지혜와 총명함을 떠나서 많은 생각이 머무름을 암시하니 하루 밤에 몇 개의 성을 쌓았다 허물었다 를 반복하는 많은 고뇌가 함께함을 암시한다.
본인의 일평생을 시기적으로 나누자면

사주원국의 년주 월주는 고인의 삶에 있어서 년주는 1-15세 월주는16-30세 까지를 이야기 할 수 있는 바이 시기에 본인 께서는 명문가라는 긍지와 자부심으로 정신적 물질적으로 풍요로운 삶을 누리며 자신의 신세계를 향하여 비상할 준비를 하고 있었을 것으로 간명한다.

월주는 부모형제궁(父母兄弟宮)으로서 형제의 이야기가 있는 곳이기도 하다. 월주는 부모의 궁이자, 형제궁으로 간명 할 수 있다. 본 사주 일간 임수(壬水)의 형제로서 육친 오행인 비겁(比劫)을 찾아보니 사주 월지 편인의 지장간에 壬수가 있으며 사주시상에 겁재 계수(癸水)가 있다. 사주원국이 주류무체가 되어 흐르니 이러한 격국을 논함에 있어서는 신왕한 인성 금의 생조을 이렇듯 같이 섞기 하여 일간 오행의 중화를 이루는데 일조를 하며 더하여 시상의 癸수 겁재는 일간과 월간 戊토와의 相沖을 戊癸함으로 이끌어 길신(吉神) 재성의 기운을 만들어 내니 길함으로 이야기 할 수 있다.

 일간(日干)은 사주 주인공이며 일지(日支)는 사주 주인공의 몸이요, 또한 처궁(妻宮)이며 배우자궁(配偶者宮)이다. 일주(日柱)는 본인의 몸이요, 처궁 이기에 처의 이야기와 본인의 사연이 있는 곳이다.

 먼저 일지의 오행 육친과 동태를 보고 처를 간명하며 더하여 재성(財星)의 기운으로 간명을 하는바 재성의 오행을 찾아보니 재성의 정오행은 년간의 정재 丁화가 있으나 너무 원격하여 있으니 일지의 寅中丙화 편재로서 처의 성정을 논하고 일지 처궁으로 간명하여 통변한다. 일지가 식신 인(寅)목으로서 壬수가 寅목을 보고 앉아 있으니 재물을 生助하는 식상의 기운으로 재물을 생조하는 길신에 해당되며 또한 처궁이니 처의 덕과 복이 있다 할 것이며 寅목의 지장간 속에는 찬란한 태양 화 병화(丙火)가 중기(中氣)에 자리하여 산천의 초목을 생육하고 입용수와 학용수를 담아두고 보호할 여기(餘氣) 무토가 제방이 되어 일간을 관리하며 일간 壬수는 지혜의 성정을 가지고 자신의 재능으로서 숲을 가꾸듯 뛰어난 자신의 의무와 책무를 행동으로 보여주려 함이다. 처궁에 지혜로움과 문예에 능하고 학문을 좋아하는 성정이 있으니 길함의 기운이오. 매사 순리를 알고 따르듯 조용한 인품으로 현모양처로서 소임을 다할 성정이라고 할 수 있겠다.

시주(時柱)는 자식궁(子息宮)으로서 말년의 운의 흐름과 자식의 이야기가 있는 곳이다. 자식(子息)의 오행 육신(六神)은 정관과 편관에 해당하고 또한 시궁의 변화와 동태를 보고 간명한다. 사주원국에 있는 오행의 기운으로는 월간의 戊토와 월지의 여기 戊토와 일지의 여기 戊토 등이 있으며 시궁의 용신에 해당하는 길한 기운이 자리하고 있음으로 다자(多子)함을 암시하며 또한 길함을 암시한다. 시상 겁재 癸수가 월간 戊토와 무계합화(戊癸合火)하여 재성의 기운을 풍기니 용신 길신의 기운이 시궁에 자리하니 자식이 성장하여 출세하고 부귀하며 부모에게 효양하는 기운이라 할 수 있을 것이다. 지근까지는 궁과육친에 대한 설명이었다.

이제부터 고인의 대운(大運)의 흐름을 간명(看命)하여 보겠습니다.

대운(大運)

수	2	12	22	32	42	52	62
대운	丁未	丙午	乙巳	甲辰	癸卯	壬寅	辛丑
십이운성	養	胎	絶	墓	死	病	衰

　대운(大運)의 수는 2대운으로서 각기 십년씩 운의 흐름에 영향을 준다. 또한 대운 천간 지지가 사주원국의 격국과 오행의 조화 속에서 10년의 운의 흐름에 영향을 주지만 대운천간이 세운의 흐름에 먼저 5년의 직접적 영향을 끼치고 대운지지는 간접적인 영향을 주며 대운지지가 세운의 흐름에 후(後) 5년의 직접적 영향을 주고 대운천간 또한 간접적인 영향을 준다. 대운천간과 지지를 분리해서 따로 볼 수 없으며 조화(調和)를 보고 해석 간명한다. 대운의 흐름과 육친의 성정 등을 비교하여 깊이 있게 간명함이 정석이나 사주원국의 육친의 성정과 사주원국의 조화와 사주(四柱)의 초년, 중년, 말년의 간명으로 설명이 되었다 생각하며 간략하게 요약하여 통변 하겠다.

　초년대운부터 중 장년의 대운의 흐름이 용신 희신 길신의 운로인 木火로 흘러주니 동남풍이 불어오는 형국으로 승승장구한 인생이요 삶이다. 그저 만인이 부러워할 명조이다.

　61辛丑대운은- 만71세까지의 운의 작용을 하는바 대운천간(大運天干)이 기신(忌神)의 오행인 인성 신금(辛

金)으로서 배부른 일간 壬수에게 더욱 金生水로 生助하고 더하여 년간 정재 丁화를 相沖하여 사허궁의 변화를 암시한다. 대운지지 축토(丑土)는 습토이자 冷土로서 년지 유금(酉金)과 유축합금(酉丑合金)하여 기신(忌神)의 인성(印星)의 기운으로 변질되니 이 또한 흉(凶)함을 암시한다. 인성이 기신의 작용을 함으로 인하여 문서상 손재를 암시하고 더하여 사주원국의 년간 정재를 상충함은 재물적 손재를 불러일으킨다. 이로 인하여 건강마저 해로울까 염려되는 운로이다.

92대운인 戊戌 대운 세운 1990년 7월 18일 고인께서는 93세의 일기로 오복을 누리시고 종명(終命)하셨습니다. 戊戌은 칠살의 기운이고 경오의 庚금은 忌神인 편인 운에 癸未월의 癸수겁재 역시 기신 운이고 甲申일은 도식운의 날로 편인 庚금이 甲목 식신을 沖去시켜 매우 불길한 날이었다.

1958-1960 제4,5대 민의원(민주)
1959- 민주당 최고위원
1960년 4·19혁명으로 이승만정권이 붕괴된 후 대통령선거에 민주당후보로 입후보하여 제4대 대통령에 선출되었다.

5·16군사정변으로 인하여 1962년 사임하고,

1963년 민정당을 창당하여 그 해 대통령선거에 후보로 출마 박정희와 겨루었으나 실패하였다.

1963- 제6대 국회의원(민정, 전국) 1965- 민중당 창당
"통변과정과 대운의 운세 파악 부분은 봉철명리연구소
　　대통령사주분석에서 발췌하였음을 알려드립니다."

3, 제5대 박 정 희 대통령의 사주

대한민국 5대 박정희 대통령의 사주는 四生格四柱로 大貴格이다. 四生格은 地支에 寅申巳亥가 다 있어 長生地를 구비한 것을 말한다. 누구나 공과가 있을 수 있지만 박정희 전 대통령은

乾命	1917년09월30일인시생					
	丁	辛	庚	戊		
	巳	亥	申	寅		
수	2	12	22	32	42	52	62
대운	庚戌	己酉	戊申	丁未	丙午	乙巳	甲辰

본 명조는 亥월의 庚金이 戊寅시를 만나고 다시 일지에 申금을 놓아 失令은 하였어도 印劫인 戊辛土金이 천간에 나타났으므로 身强사주요, 년주에 丁巳 官星이 有力하여 조후용신으로 좋고 庚申金을 제련하여 쓸모 있게 하므로 좋다. 格局으로는 食神格이고 食神格은 生財로 이어져야 빛이 나는데 그래도 시지에 寅목이 놓여 있어 연결 되는 것으로 볼 수도 있다.

대운이 31세까지 30년간은 西方金운이어서 고생을 많이 하지만 32세 대운부터 南方火운으로 흘러 쓸모 있는 사람으로 성장발전을 거듭할 것이다.

사주에 寅巳申亥가 있어 四生地로 발전적인 대장부 사주요, 大貴 존경 받는 인물이 될 수 있으나 사고 수를 달고 다닌다 하여 불미스럽게 보기도 한다. 干如支同도 배우자궁이 沖破 된 점도 참고사항이 된다.

1961년 5월16일 辛丑년 癸巳월 己酉일에 군사혁명을 일으켰는데 당시가 丙午대운이었다.
  대운이 가장 좋았고 辛丑년은 겁재 운이면서 正印년 운 이었기에 겁재는 빼앗기기도 하지만 빼앗아 올 수 있음이고 丑토 역시 문서 운이었으니 문서는 새로운 일을 의미하기도 하며 癸巳월 역시 상관 달이라 위험성 과감한 행동으로 寅巳申 三刑으로 새로운 일을 일으키게 되면서 성공적으로 매듭된 것이다.
  1962년 壬寅년에 제5대 대통령직무대행 정치를 하게 된 것은 壬水는 食神운이고 寅목은 財星 운이면서 財生官 이었기에 官을 쓰게 된 것이었고,
  1967년 丁未년에 제6대대통령에 당선 되었던 것도 丁화 관성의 역할이었고 18년간 장기집권 할 수 있었던 것도 乙巳대운으로 당당하게 권력을 지킬 수 있었던 것이다.
  1974년 甲寅년 壬申월에 아내 육영수 여사가 총탄에 쓰러진 것은 甲庚冲 寅申冲하면서 재성인 아내의 별과 처궁에 문제가 발생 한 것인데 그 날이 戊子일 이었으니 편인이 도식하는 운으로 이러 불상사가 발생 한 것이다.
  1979년 10월 26일은 甲辰 대운 己未년 甲戌월 丙寅일 亥시에 부하 김재규에 의해 시해된 것을 보면 甲寅목 財星이 불러온 禍이며 己未辰戌 土 역시 忌神이고 가장 결정적인 것은 寅일로 寅巳申三刑을 만난 것이며 亥시라는 四刑이 다 모이는 시간이었다는 것도 예사롭지 않다 하겠다.

이사주에서의 장단점을 살펴보자면

1, 地支全局이 寅申巳亥로구성 된 점인데 이를 四位純全格中에 四孟格이라 한다. 孟자는 맏 맹자로 맏이 첫 또는 처음을 뜻하므로 각계절의 첫 글자라는 뜻으로 四孟이라 한 것이고 孟은 싹을 틔우는 것에 비유한 것이며 이와 같이 寅申巳亥를 모두 갖춘 사람들의 삶은 순탄치 않은 것이 특징이다.

2, 일주가 庚申금으로 干如支同에 建祿에 해당하므로 일단은 身旺으로 보고 辛金劫財와 偏印 戊土가 투출된 점 그리고 巳中庚金이 長生地이므로 身强사주로 본다.

3, 巳火七殺은 干頭에 丁火가 나타나서 有力하므로 감히 庚申일주를 단련할 수 있어 용신으로 쓰기에 무리가 없다. 아울러 巳亥沖 寅申沖은 월지의 亥水가 寅亥合木으로 견인하여 沖을 하지 않고 木生火로 相生하며 先合 先生으로 크게 문제가 되지 않는다.

4, 1961년 丙午대운 辛丑년 癸巳일에 군사정변을 성공적으로 완수 할 수 있었던 것은 丙午는 용신 운이고, 辛丑과 癸巳로 巳酉丑三合金局으로 拱金으로 身旺官旺 身强殺淺으로 假殺爲權으로 生殺與奪의 權力을 장악 할 수 있었던 것이다.

5, 1974년 乙巳대운 甲寅년에 육영수 여사를 잃게 된 것도 일지 妻宮을 巳火가 巳申刑하고 세운 寅木이 寅申沖하여 妻宮이 破宮된 연유였을 것이다.

6, 1979년 10월 26일 19:40분 甲辰대운 己未년 甲戌월 丙寅일 戌시에 부하 김재규의 총탄에 의해 서거

하게 된 것은 甲辰 대운은 辰토가 濕土로 용신 丁火를 土晦無光케 하고 己未역시 印比를 더욱 완고하게 하고 水木食財를 奪食奪財시켜 秀氣不及이며 丙寅일은 庚申일주를 殺克地沖으로 天克地沖케 함이고 戊戌시 역시 편인으로 倒食運이 되어 별 도리 없이 무너지는 운세였다.

4, 제10대 최 규 하 대통령의 사주

대한민국 10대 대통령이 된 최 규 하 전 대통령은 외교관으로 장기간 근무했고 국무총리로 임무수행 중 박정희대통령시해사건으로 국법에 의해 자동승계로 대통령이 된 분이다. 10 26사건이후 그해 12월06일에 10대대통령에 취임하자마자 12,12 사태가 터지고 그 다음해 8월16일 사임하고 물러나게 된다.

1919년06월19일오시생				
乾命수대운	己未	辛未	己巳	庚午
	3	13	23	33	43	53	63
	庚午	己巳	戊辰	丁卯	丙寅	乙丑	甲子

본 명조는 未월의 己土가 庚午시를 만나고 다시 일지에 巳화를 놓아 巳午未 方局을 이룬 3神相生格 사주로 어학에 능통한 선비의 사주인데 교수로 근무하다 외교관으로 장기근속 후 국무총리로 임무수행 중 박정희대통령시해사건으로 국법에 의해 자동승계로 대통령이 되신 특이한 인물이다. 사주로 봐서도 대통령이 될 만한 사주는 아니라고 생각 된다. 고전 팔자제요에서도 未월의 己土 일간이 기세가 왕성한데 庚시 상관으로 뛰어난 기운을 길러주면 좋다고 하였고 나머지 간지에 재성인 수가 있어야 조화를 이루어 좋다고 하였지만 재성인 水는 보이지 않고 火土의 기운만 보충되어 火氣가 衝天하는 命이라서 평범한 사주에 불과하다고 봐야 한다.

보통사람으로서는 가지지 못하는 대통령이라는 권좌에 올라왔음에도 지키지 못하고 그 다음 해인 庚申 상관의 해 甲申월 辛酉일 식상 운이 강한 날에 쫓겨나듯 사임하고 만다. 61세 乙丑 대운이었으니 이었으니 월주 辛未가 天沖地沖하는(乙辛沖 丑未沖) 해였으니 어쩌면 火金이 상극하게 된 원인도 되고 方局이 깨지면서 조열해진 사주에 그나마 食神까지 파괴되어 불가피하게 권좌에서 하야 할 수밖에 별 도리가 없었을 것이다.

5, 제11~12대 전 두 환 대통령의 사주

대한민국 11~12대 대통령으로 박정희 전 대통령시해 사건을 수사하던 그가 정권욕에 사로잡혀 많은 희생자를 내면서도 강권을 발동하여 2대에 걸친 대통령으로 권좌를 누릴 수 있었던 것은 강인한 의지력이었을 것이다. 공과를 떠나 사주분석으로 그의 삶을 돌아보는 기회를 갖고자 한다.

1931년01월18일오시생						
乾命	辛未	庚寅	庚申	壬午		
수	9	19	29	39	49	59	69
대운	己丑	戊子	丁亥	丙戌	乙酉	甲申	癸未

本 命造는 절기인 경칩일 날 태어났어도 立節前인 午時에 태어나서 월주를 庚寅으로 봐야 하는 특이한 사주로 구성 되었다는 것이다. 寅月의 庚金이 비록 절지로 失令은 했어도 年月日干支에 辛未 庚申인 印比가 자리하여 身强사주로 봐야 한다. 壬午時를 만나서 午火로 제련하고 壬水로 설기하여 담금질 한다면 질 좋은 그릇이 될 법한 조화로운 사주이다. 대운역시 北方水運 30년간도 좋았고 西方金운도 역시 권좌에서 호령 할 수 있는 기세가 보인다. 퇴임 후 南方火운도 권위를 지키면서 수장노릇을 할 수 있는 운이라고 생각 된다. 일단 庚申일주는 혁명가다운 사주요 장수로서의기질이 역력하다.

지금부터 명조를 세밀하게 분석해 보기로 하자.

寅月의 庚金이 午時를 만나서 失令으로 신약이지만 일지에 申金을 놓아 通根되고 年 月干에 庚辛金이 透出되고 年支 未土가 扶助하니 5 : 3 사주로 先弱後强으로 身强한 팔자로 변했다. 寅午火局으로 조열함은 壬水가 조절하고 있으며 庚금은 火를 봐야 큰 그릇이 된다하였으니 나름대로 조화를 잘 이룬 사주로 봐야 한다.

지금부터 연대별로 세밀하게 분석해 보기로 하자.

1951년 辛卯년에 정규 육사1기에 6:1의 경쟁을 뚫고 합격한다,
辛卯년 운세분석
辛金은 劫財요 卯木은 正財로 겁재는 빼앗아가기도 하지만 빼앗아오는 역할 도 한다. 6:1의 치열한 경쟁을 뚫고 합격할 수 있었던 것도 힘이 강해져서일 것이고 卯목은 財生官으로 명예의 합격이 된 것이다.

1980년 庚申년 8월27일 11대통령에 당선 되었다.
庚申년 甲申월 壬申일 운세분석
4庚申金의 출동으로 힘을 보태고 甲木의 재성이 財生官하고 壬水식신이 설기시키어 조화를 만들어 냈고 큰 변화는 寅申相沖으로 대 변화를 일으킨 것이다. 항상 合沖이 변화를 일으킨다는 사실을 입증한 것이다.

1982년 壬戌년 12대통령에 당선 되었다.
壬戌년 운세분석
午戌火局으로 官星이 유력해서 큰 그릇을 만들어낸 결과다. 2대에 걸쳐 7년 동안 대통령으로 임무를 무사히 마치고 1987년 퇴임한다.

1995년 乙亥년에 구속수감 된다.
乙亥년 운세분석
乙木이 庚金을 일간을 合身으로 묶이니 나 자신의 역할이 안 된다.

2022년 壬寅년에 서거하실 거란 예측도 있다.
辛巳대운 壬寅년 운세분석
寅巳申 삼형살 대운에 壬寅년이면 다시 寅申相沖 한다는 원리를 적용하여 그 해에 돌아가신다고 예언 하는 걸로 짐작은 되지만 일단 지켜 볼일이다.

위 전두환 대통령의 사주는 사주에서 나타나듯이 오행전구에 강양한 사주라서 리더로서의 역할 도 잘 되고 노후까지 건강하게 잘 지내게 되는 것이다.

6. 제13대 노 태 우 대통령의 사주

1987년 丁卯년에 6.29선언으로 대통령직선제를 선언하고 대통령에 출마하여 김대중 김영삼을 제치고 당당하게 13대 대통령으로 당선 된다.

1932년11월07일신시생							
乾命	壬申	辛亥	己亥	壬申			
수	1	11	21	31	41	51	61
대운	壬子	癸丑	甲寅	乙卯	丙辰	丁巳	戊午

本 命造는 1土 3金 4水인 3神으로 구성된 三神成象格이고 從財格으로 봐야 하는 명조이다. 印比인 火土가 전혀 없으므로 從財가 틀림없다. 이런 사주는 印綬나 比劫運이 불리하게 되고 官運도 좋다고 봐야 한다.

大運中 소년기는 子丑운으로 꽁꽁 얼어 고생을 하였고, 東方木 官運은군인으로 승승장구하였으며, 丁巳대운 巳申合刑과 巳亥沖을 하여 발동의 기운으로 변화를 가지는 운세이기에 정변의 주역으로 참여해서 대통령이 되는 기회를 포착했다고 봐야 한다.

1987년 丁巳대운 丁卯년 丙午월 己酉일에 6.29선언으로 직선제를 받아들여 민선대통령에 당당하게선출 된다. 丁火는 丁壬合木으로 官운이 되고 卯木은 亥卯合으로 역시 관성으로 변해 좋았다.

1997년 戊午대운 乙亥년에 정치자금법위반으로 구속되는데 戊午대운은 최악의 운이고 乙亥 역시 乙木칠살과 亥亥自刑의 영향으로 대흉했던 것이다. 그러나 丙子년에 사면으로 석방은 되었는데 역시 운이 좋지는 않았다.

2002년 壬午년에 전립선수술을 받고 20여 년간 투병생활을 하고 있다. 戊午대운도 불길하고 壬午세운 역시 불길한 운이다.

이 사주는 신장방광에 문제성을 가지고 태어난 사주이다. 젊어서는 운이 잘 흘러 승승장구 할 수 있었지만 말년의 무오 기미대운은 최악의 운이어서 이렇게 장기간 투병생활이 계속 되는 것이다.

위 노태우 대통령의 사주는 편고 된 사주이다. 삶신이 상생되어 삶은 참 좋은 삶이다. 성격도 좋아서 물태우란 별명도 얻게 되었지만 이와 같이 편중되면 말년 건강이 안 좋게 된다. 전두환 대통령과는 대조되는 사주라고 봐야 한다.

7, 제14대 김영삼 대통령의 사주

김영삼은 서울대학교 재학중에 정부수립기념 웅변대회에서 외무부장관상을 타면서 당시 외무부장관이었던 장택상의 눈에 들어 비서관으로 정치에 입문하였고 그가 국무총리가 되면서 국무총리비서관으로 일하다가 1954년 5월 20일 26세 최연소 국회의원이 되었고 40대기수론을 내 걸고 대통령 꿈을 꾸면서 군부독재를 비판하면서 민주화운동의 선구자로 투쟁하였으며 그 당시 군사정권과 삼당합당을 하면서 "호랑이를 잡으려면 호랑이 굴에 들어가야 한다." 라는 유명한 일화를 남기고 민주자유당 대통령후보가 되어 1992년 제14대 대통령이 된다.

1928년12월04일술시생				
乾命	戊	乙	己	甲
	辰	丑	未	戌
수	7	17	27	37	47	57	67
대운	丙寅	丁卯	戊辰	己巳	庚午	辛未	壬申

本 命造는 2木 6土로 구성된 地支全局이 四庫지로 이런 사주를 支全四庫格이라고 하여 황제의 명조로 중국황제 주원장의 명조와 같다. 甲己合土로 土一色이다 그러나 월상의 乙木 때문에 從格은 안 된다. 寅申巳亥를 四孟支라고 한다면 辰戌丑未를 四庫支라고 하여 帝王의 사주라고 한다. 실제로 박정희 대통령은 寅申巳亥가 다 있고 김영삼 대통령은 辰戌丑未가 다 있어 대통령이 되었으니 제왕의 사주임엔 틀림이 없다.

1954년5월20일26세로 최연소 국회위원 당선
甲午년 己巳월 丙子일
甲午년 세운은 甲己合 합니다. 午화가 生土하는 운이고요, 己巳월은 화토로 좋고 丙子일은 병화 정인이고 水는정재로 財生官하며 潤土 하므로 좋습니다.

1979년 운세 己未土운이 군요 群劫爭財하는 운입니다. 재성이 맥을 못 추고 財生官 못하고 未토는 木星인 官庫로 치열한 경쟁을 하지만 친구동료에게 빼앗기는 운으로 실패하는 운세입니다.

1987년 丁卯년 운세는 丁화는 印綬 운이고 卯木 관성이 卯未합으로 최고의 명예를 얻는 좋은 운입니다.

1997년 乙亥년 운세는 財生官으로 乙木칠살이 忌神 노릇 톡톡히 하는 해입니다. 아들 현철 씨가 구속되는 등 구설이 많은 해였습니다.

8, 제15대 김대중 대통령의 사주

고 김대중 전 대통령의 사주입니다. 인터넷에 떠다니는 사주명조가 몇 개가 되던 군요. 평소에 몇 번 본 명조를 접한 적이 있었는데 사주해설도 마음에 안 들고 이사주가지고 대통령까지 될 수 있을까 라는 생각이 틀린 사주겠거니 하고 관심을 가지지 않다가 우연히 변만리 선생님의 저서 萬里天命을 뒤적이다가 눈에 들어오는 사주하나를 발견했습니다. 그런데 누구라고 밝히지는 않고 태평양바다에 던져지기도 했고 라는 문장에서 번득 김대중 대통령의 사주라는 것을 알게 되어 인터넷을 샅샅이 뒤져 비슷한 사주들을 찾아내었으나 아마도 변만리 선생님의 萬里天命에 기록된 사주가 가장 근사한듯하여 다시 조명해 봅니다.

인터넷에 김대중 일대기를 써놓은 글이 있어 간추려 기록해 봅니다. 섬마을 손년에서 대통령이 되고 노벨평화상을 받기까지 그는 사선을 넘나들며 파란만장한 인생을 사신분이라 이렇게 장황하게 글을 씁니다.

김대중대통령의 생애(1924.1.6-2009.8.18)

5·16군사정변(1961)이후 약 30년간 역대 군사정권 하에서<납치·테러·사형선고·투옥(6년)·망명(10년)·가택연금> 등의 온갖 고초를 겪었으나 군사정권에 끝까지 맞서 민주화운동을 강력히 전개함으로써 대중적인 카리스마를 얻었으며 세계적으로는 한국의 인권투사로 널리 알려졌다. '인동초'(忍冬草)·'한국의 넬슨만델라'라는 별명을 갖고 있으며, 4차례 도전 끝에 대통령에 당선된 뒤 자신의 지론인 남북화해 정책을 꾸준히 펼쳐 대외적 명성을 높였다. 한국과 동아시아의 민주화와 인권, 남북화해 정책의 공로로 노벨 평화상(2000)을 수상했다.

성장기와 정치 입문

1924년 전라남도 목포에서 뱃길로 150리 떨어진 신안군 하의도에서 태어난 김대중은 1943년 목포공립상업학교를 졸업한 뒤 일본인이 운영하던 목포상선에 취직했다. 8·15해방으로 일본인들이 떠나자 이 회사의 관리인으로 선임 되었으며<목포일보> 사장(1948~50)을 지냈다. 6·25전쟁의 와중에서는 해상방위대 전라남도지구 부대장(1950), 한국해운조합연합회 이사(1951), 흥국해운·대양조선공업 사장(1951)을 역임했다.

1954년 자유당 독재정권에 맞서기 위해 제4대 민의원선거에 출마했으나 낙선한 데 이어 2차례 더 낙선했으며, 1961년 5월 14일 4번째로 도전한 제5대 민의원 보궐선거(강원도 인제)에서 민주당 후보로 출마해 당선

되었으나 이틀 후 5·16군사정변이 일어나 국회가 강제 해산되는 바람에 의원등록조차 못하는 불운을 겪었다. 그 후 6·7·8대 국회의원에 연속 당선되었으며 민주당 대변인(1960), 통합야당 민중당 대변인(1965), 민중당 정책위원회 의장(1966), 신민당 대변인(1967)을 지내며 정치인으로서 두각을 나타냈다.

고난의 행로

마침내 3선개헌 다음해인 1970년 9월 김대중은 신민당 전당대회에서 대통령 후보로 공식지명 되었다. '40대 기수론'을 주창한 김영삼·김대중·이철승 의원이 함께 출마해 3파전으로 진행된 이 전당대회에서 소수파인 그는 1차 투표에서 김영삼에 밀려 2위에 그쳤으나 2차 투표에서 유진산 총재의 김영삼 지지에 반발한 이철승이 지지표를 몰아줌으로써 대통령 후보로 선출될 수 있었다. 1971년 제7대 대통령선거에서 김대중은 향토예비군 폐지, 노동자·자본가 공동위원회 구성, 비정치적 남북교류, 한반도 평화를 위한 4대국 안전보장안 등을 선거공약으로 내걸고 박정희 대통령의 안보논리와 경제성장론을 정면에서 공격했다. 선거과정에서 김대중은 과감한 공약과 호소력 있는 연설로 유권자들의 선풍적인 지지를 이끌어냈으나 박정희 후보에게 95만 표 차이로 패배했다. 당시 공공연하게 벌어진 선거부정을 빗대어 "김대중은 선거에서 이기고 투표에서 졌다"는 말이 회자되었다.

1972년 지병을 치료하기 위해 일본에 체류 중이던 김대중은 10월유신이 선포되자 귀국을 포기하고 해외에서 반유신운동을 펼쳤다. 1973년 미국에서 한국민주회복통일촉진국민회의(한민통)를 결성한 데 이어 일본에서 한국민주회복통일촉진국민회의 결성을 추진 중이던 1973년 8월 8일 그가 일본 도쿄[東京] 팔레스 호텔에서 중앙정보부 요원들에게 납치되어 129시간 만에 서울로 압송되는 사건이 일어났다. '김대중 납치사건'은 국내외에 큰 파문을 불러일으켰다. 한국 정부는 관련 사실을 전면 부인하다 국내 야당 지지자들의 강한 반발과 주권 침해라는 일본의 비난에 직면해 대일관계가 심각한 교착상태에 빠져들자 미국의 주선으로 일본 정부와 막후접촉을 벌여 주일 한국대사관 1등 서기관 김동운의 해임, 김대중의 해외체류 중 언행에 대한 면책, 김종필 총리의 진사방일(陳謝訪日) 등에 합의했다. 이로써 이 사건은 86일 만에 정치적으로 매듭 되었다. 1974년 12월 가택연금 중이던 김대중은 재야단체인 민주회복국민회의에 참여해 재야활동을 시작했다. 1976년 3·1절 기념미사에서 윤보선·함석헌·문익환·김승훈 등 재야인사들과 함께 민주주의, 경제입국 구상 재검토, 민족통일 등을 주장하는 '3·1민주구국선언'(일명 명동사건)을 발표해 대통령긴급조치 9호 위반으로 구속된 그는 이듬해 3월 징역 5년, 자격정지 5년을 확정 받아 진주교도소에 수감되었다. 유신정권은 그의 투옥에 대한 국내외의 비판이 고조되자 1978년 12월 그를 형집행정지로 석방해 가택연금 시켰다. 그러나 그는 1979

년 3월 1일 '민주주의 민족통일을 위한 국민연합'을 결성해 윤보선·함석헌 등과 함께 공동의장을 맡으며 재야활동을 계속했다.

1979년 10월 26일 박정희 대통령이 측근인 김재규 중앙정보부장에 의해 살해되면서 유신체제가 붕괴되자 12월 가택연금에서 해제된 데 이어 1980년 2월 사면복권 된 그는 1980년 초의 '서울의 봄' 시기에 김영삼·김종필 등과 함께 정치활동의 전면에 나섰다. 그러나 12·12사태(1979)로 군권을 장악한 전두환을 중심으로 한 신군부 세력의 도발에 대한 우려는 5월 17일 자정의 비상계엄 전국 확대조치를 통해 현실화했다. 이때 그는 26명의 정치인들과 함께 체포, 수감되었다. 정부군의 학살행위에 대항해 시민군이 무력으로 맞선 5·18 광주민주화운동 시기를 감옥에서 보낸 그는 9월 계엄사령부 군법회의에서 이른바 '김대중 내란음모사건'을 주동한 혐의로 사형선고를 받고 1981년 1월 대법원에서 사형 확정판결을 받았다. 이에 대해 미국·일본·독일·프랑스를 중심으로 현지 교포들과 각국의 양심적 지식인·문화인·정치인들이 대거 그의 구명운동을 벌이자 군사정권은 그의 형량을 무기징역으로 감형한 데 이어 1982년 12월 미국 망명을 허용했다. 미국으로 건너간 그는 한국인권문제연구소를 열어 활동하다 1985년 제12대 총선을 앞두고 전격적으로 귀국했다.

집권과정

　김대중의 귀국은 국민들에게 일대 사건으로 받아들여졌다. 그 결과는 그가 김영삼과 함께 급조한 신한민주당이 제12대 총선에서 어용야당이던 민주한국당을 제치고 제1야당으로 부상한 데서 잘 나타났다. 그는 이에 힘입어 대통령 직선제 개헌투쟁을 본격적으로 전개했다. 1987년 6월민주항쟁의 물결이 전국을 뒤덮자 군사정권은 대통령 직선제 수용과 그의 사면복권을 뼈대로 한 이른바 6·29선언으로 후퇴했다. 비로소 사면복권 된 그는 김영삼이 총재로 있던 제1야당인 통일민주당의 상임고문 자격으로 정치활동을 재개했다. 그러나 1987년 12월로 예정된 제13대 대통령선거를 앞두고 김영삼과의 후보단일화에 실패하자 독자 출마로 방향을 돌려 11월 평화민주당을 창당해 대통령선거에 나섰다. 그러나 집권당인 민주정의당의 노태우 후보, 통일민주당의 김영삼 후보와 3파전으로 치러진 대통령선거에서 야당후보가 승리할 가능성은 당초부터 없었다. 대통령선거에 패한 후 야당분열에 대한 국민적 비난이 걷잡을 수 없을 정도로 거세지자 그는 평화민주당 총재직을 일시 사퇴했다. 하지만 그에게 다시 기회가 왔다. 이듬해(1988)4월에 실시된 제13대 총선에서 평화민주당이 통일민주당을 제치고 제1야당으로 부상한 것이다. 그는 다시 평화민주당 총재로 정치의 전면에 나섰다. 1990년 민주정의당·통일민주당·신민주공화당의 '3당 합당'은 정국을 송두리째 흔들어놓았다. 자신의 강력한 지지기반인 호남 고립화 전략으로 요약되는 이 사태는 그에게 새로운 시련을 안겨 주었다. 그는 3당 합당으로 출범한 거대여당인 민주자유당(약칭 민자당)에 대항하기 위해 1991년 4월 재야인사 중심의 신민주연합당준비위원회(약칭 신민연)와 통합해 신민주연합당(약칭 신민당)을 창당하고 9월에는 김영삼의 3당 합당에 반대해 소수야당으로 전락한 민주당과 합당했다.

1992년 12월 18일 그는 제14대 대통령선거에 다시 출마해 국민들의 지지를 호소했다. 그러나 호남지역의 압도적인 지지와 서울을 비롯한 수도권에서의 우세에도 불구하고 그는 민주자유당의 김영삼 후보에게 190만여 표차로 패배했다. 그는 자신의 패배를 인정하고 의원직과 민주당 대표최고위원직을 사퇴함과 동시에 전격적으로 정계은퇴를 선언했다. 이는 그의 지지자들에게나 반대자들에게나 충격적이고도 신선하게 받아들여졌다. 그는 1993년 1월 영국으로 출국해 연구활동을 하다 6개월 만에 귀국했으며, 1994년 1월 아시아태평양평화재단(이후 아태평화재단으로 명칭 변경)을 창립해 이사장으로 활동했다. 하지만 그는 1995년 6·27지방선거 과정에서 사실상 정치활동을 재개했고 7월에는 정계은퇴를 번복한다는 내용의 대국민 사과문을 발표해 이를 기정사실화했다. 이 과정에서 그는 다시 빗발치는 비난을 받았으나 이를 애써 무시하며 9월 새정치국민회의를 창당했다. 1996년 4월 11일에 실시된 제15대 총선에서 새정치국민회의가 제1야당의 지위를 굳히자 그는 오직 제15대 대통령선거를 향해 질주했으며, 1997년 11월 충청지역의 맹주로 자처하던 자유민주연합의 김종필 총재와 대통령 후보 단일화에 성공해 두 당의 단일후보로 대통령선거에 나섰다. 1997년 12월 18일 실시된 제15대 대통령선거에서 그는 여권후보의 분열과 국제통화기금(IMF) 관리체제를 불러온 외환위기를 등에 업고 여당인 한나라당의 이회창 후보를 누르고 대통령에 당선되었다.

평가

김대중의 당선은 건국 50년 만의 첫 여야 정권교체라는 역사적 의미를 갖고 있다. 1998년 2월 25일 제15대 대통령으로 취임해 자유민주연합과 공동정부를 구성한 그는 '국민의 정부'를 표방하고 '민주주의와 시장경제의 병행발전'을 국정지표로 삼았다. 그는 대통령선거운동과정에서 공언한 '준비된 대통령'답게 과감한 경제개혁에 착수해 지난 정권으로부터 물려받은 외환위기를 조기에 극복하는 한편, 기존의 완강한 대북 흡수통일론을 배격하고 이른바 '햇볕정책'으로 불리는 대북 포용정책을 꾸준히 견지함으로써 얼어붙은 남북관계의 돌파구를 마련했다. 그는 2000년 3월 베를린자유대학교에서 행한 연설에서 한반도 냉전구조 해체와 항구적 평화, 남북간 화해와 협력에 관한 '베를린 선언'을 발표한 데 이어, 2000년 6월 13~15일 김정일 국방위원장의 초청으로 평양을 방문해 분단 사상 55년 만에 첫 남북정상회담을 갖고 역사적인 6·15남북공동성명을 이끌어냈다. 그는 또한 한국 최초의 노벨 평화상 수상자로서 국위를 선양했다.

인터넷에 올라온 사주들>

癸 乙 乙 乙   癸 乙 丙 丁   癸 甲 甲 癸
亥 丑 丑 酉   亥 丑 戌 酉   亥 子 申 酉

고 김대중 전 대통령님의 명조

1923년05월30일卯시생							1	木
乾命	癸	乙	丙	己			1	火
	亥	丑	戌	丑			4	土
수	1	11	21	31	41	51	61	0	金
대운	甲子	癸亥	壬戌	辛酉	庚申	己未	戊午	2	水

사주의 장단점부터 짚어보겠습니다. 일주가 丙戌이라는 것에 마음이 끌렸습니다. 남자는 陽干이어야 큰 인물이 될 수 있음을 알게 되었고, 年上 癸水로부터 時上 乙木까지 相生됨을 보면서 生生不息 됨에 감탄했습니다. 특징으로는 官印相生 됨과 상관성이 강하다는 점, 그리고 식상이 丑戌刑 한다는 점을 주위 깊게 보아야할 특징들입니다.

사주의 명조를 살펴보겠습니다. 丑월의 丙화가 丑시를 만나서 음습한데 년월지가 亥丑으로 子를 夾空시켜 亥子丑으로 水方局을 이루고 丑中癸水가 年上에 나타나서 정관성이 강합니다.(水氣가 太旺함) 丙화는 태양으로 만 천하를 따뜻하게 해야 하므로 중생을 구제하고 보살피는 것이 천직이요, 능사이니 큰 인물일 징조를 타고난 것이다. 육신상으로 볼 때 상관성이 매우강하다. 傷官은 官을 상하게 한다. 불의를 보면 참지 못하고, 윗사람을 비판하고 공박하는 것을 능사로 한다. 그뿐이 아니다, 재능이 뛰어나고 언변이 비범하다.

상관이 재성을 보면 돈을 버는데 몰두하므로(食傷生財)써 남을 비방하고 싸우는 상관의 기질은 전혀 찾아 볼 수 없는 반면에 반해서 상관이 정관을 보면 官을(윗사람이나 불의) 공격하는데 열중함으로서 평생 파란만장하고 관재구설(官災口舌)이 끊이지 않는다,

　본 명조는 관살(官殺)이 태왕하다. 그러나 신약한 사주는 아니다. 이와 같이 관살이 많을 때는 식상이 내편이다. 그 이유는 식상이 많아서 신허(身虛)한데 관살이 많으므로 태약(太弱)으로 볼 수 있지만 이 사주는 절대 그렇지 않다. 관인상생으로 월간 乙木이 生助해 주고, 戌土가 화고지(火庫地)이고, 식상이 관살을 제지해줌으로 내편이 되기 때문이다.

　본 명조는 수체(水體-월지가水)로 관살이 왕성하고 많음으로서 대립하고 싸우는 정치적 소질과 기질이 천부적으로 풍부한 동시에 정부와 여당을 비판하고 공박하는 야당성 기질과 체질이 출중하다. 그러므로 상관성이 강하면 노조위원장이 적격이라고 말하는 이유이다. 이상의 사주(命主)구조와 성정만 보더라도 과연 민주투사 김대중이란 것을 얼른 알 수 있을 것입니다.

　참고적으로 말씀드리자면 OO선생의 인터넷 글에서 인고의 정치인 김대중은 丙戌일주가 丑月에 태어나고 丑中癸水가 年上에 투출하여 正官格이다. 정관의 성품은 합리적이고 공익을 준수하며 정직하고 성실하다. 언제나 질서와 예의를 지키고 대의명분과 원리원칙을 소중히 생각하며 두리뭉실 타협이란 이명주의 사전에는 없다. 더구나 월시지에 丑戌형살로 인해 丑中癸水 정관이 땅속에서 솟구치는 힘이 막강하여 대통령 병에 걸렸다고 손가락질 받으면서도 관운이 꺼지지 않아 끝내 소망을 이루게 된 이유이다. 라는 말도 합리적이기는 하지만 사주를 간명할 때 격국 용신에 의지하는 학파들은 위험하다, 그 이유는 정격사주보다 파격사주들이 많기 때문이다. 그런가하면 고 변 노인은 천명에서 다음과 같은

이유로 대통령이 될 수 없다고 못 박았으나 그 학설 또한 이 시대에 맞지 않음으로서 참고할 가치는 있으되 신봉하기는 매우 어렵다.

　年上의 정관은 군왕을 상징한다. 하지만 정관이 체가되면 군왕과 싸울 뿐 군왕과의 인연은 박하다. 군왕과 대결하고 정부를 무찌르는 데는 천재적이고 능소능대하지만 군왕이 되고 정부를 거느릴 대권은 장악하기 어려운 것이다. 중생을 구제하고 보호하는 투쟁과 권모술수는 단연 압도적이고 비범하지만 중생을 다스리는 권좌는 인연이 박한 것이다. 만일 년상 정관이 用이라면 어찌 되었을까? 주인공은 아버지와 군왕과 대권과 인연이 후함으로서 어려서는 부모덕이 지극하듯이 관운이 크게 열림으로서 무풍지대로 승승장구하고 마침내는 대권을 무난히 장악 하였을 것이다. 하지만 천명은 가장 소중한 관성을 호랑이 같은 體요, 적으로 만들음으로서 일생을 호랑이와 싸울 뿐, 호랑이가 되기는 어려운 풍운아로 부각시켰다고, 기록하고 있지만 그 분은 후에 정권을 장악하고 노벨평화상까지 수상하는 영광을 얻었으니 우리가 체와 용에 대하여 참고는 할뿐 사주 간명시 용신(看命時 用神)에 매달려서는 안 된다는 사실을 증명한 사례이다.

　丙화는 태양이요, 癸수는 비(雨-구름)이다. 태양이 뜨면 비가 그치듯이, 비가 내리거나 구름에 가리면 태양은 빛을 잃는다 그래서 丙화와 癸수는 공존할 수없는 상극 상태로서 언제나 대립적이고 무정하다. 태양은 비가와도 존재한다. 하지만 빛을 잃었으니 없는 것과 같다. 태양이 빛을 잃었으니 없는 것과 같다, 태양이 죽었느니, 망했느니, 억울한 소리를 들어도 할 말이 없다. 그것은 누명이요, 중상모략이다. 이것을 선무공덕(先務公德)이라 한다. 무엇인가를 하려고(官을 쏠려고)등장만 하면 누명과 관재가 소나기처럼 빗발치고, 만신창이가 된다,(식상관이 설침.-土극水)그래서 많은 동지가 피를 보고 쓰러진다.<그래서 대권을 잡을 수 없는 팔자라고 한 것 같다>

己未대운을 분석해보자, 己未대운은 육신으로 상관 운이다. 丑戌未 三刑殺 이면서 강한 상관이니 왕성한 활동으로 꿈을 실현시키려고 활동하지만 관성을 내려치고 적대시하는 상관이 득세하고 극성하니 호랑이굴에 스스로 뛰어든 격이다. 관재가 절정에 이르고 목숨까지 노리니 구사일생의 수난과 파란이 겹친다. 최대 위기를 맞이한 것은 우리가 잘 알고 있는 일명 광주사태로 사형선고를 받고 죽게 되지만 1982년 운이 辛酉가 와서 酉丑, 酉戌로 삼형살을 풀어 사형을 면하고 미국으로 망명한다.

戌午대운을 살펴보자. 일지와 삼합(午戌)하고 그토록 갈망하던 午火 羊刃 태양이 얼어붙었던 癸水 정관을 녹임으로 官印相生(癸수가 乙목을 생하고 다시 乙목이 丙화 나를 도와줌) 되어 만인이 따르고 화합하며 분위기를 호전시키지만 亥子丑 북방수운에는 여전히 동결상태로 풀리지 못하다가 寅卯辰 동방 木세운 丁卯년에 풀리고 壬子월에 대권에 도전하지만 그 벽을 넘어서지 못하고 다시 무릎을 꿇습니다. 그러나 戊辰년 丙辰월에는 용이 하늘을 나르고 천지간에 빛과 열이 가득 차니 천지가 진동하는 득의득세(得意得勢)로 하루아침에 자신의 정당을 만들고 문서에 도장을 찍습니다. 그리고는 제일야당으로 등장합니다. 그러나 己巳년은 남방화운이지만 己토 상관이 왕성하여 年干 정관을 상관이 떼를 지어 공격함으로 인해서 己未대운을 방불케 하는 관재구설이 우박처럼 쏟아진다. 그렇지만 뜨거운 丁巳대운에 다시 대권에 도전하여 1997년 丁丑년, 壬子월 에 대통령에 당선된다. 巳대운은 巳酉丑 삼합의 영향으로 巳亥충 丑戌형 등 충합이 모두 깨지고 乙木 용신이 자유스러운데 丁화가 멋지게 조명하여 비추어줌의 덕이다. 그러나 丙辰대운 己丑년 壬申월 乙未일 癸未시 서거하십니다. 이 문제는 학인들의 숙제입니다,
[숙제]
<1>辰대운은 辰戌 충으로 일주인 내 몸이 충격을 받습니다.
<2>己丑년운세는 상관성이 극성한데 丑戌 형까지 만듭니다.
<3>壬申월운은 丙壬 충으로 일간을 극상하게 만듭니다.
<5>乙未일운은 용신 乙목이 入墓되는 날입니다.
<6>癸未 시는 계수는 빗물이니 병화 태양의 빛이 비(雨)에 빛을 잃고 未토는 다시 용신 乙木을 입묘시키면서 丑戌未라는 사형언도를 내리니 천하의 김대중 대통령님도 天命의 조화에는 어찌 할 수 없었을 것입니다.

참고적으로 고인께 루가 되지 않도록 하면서 학인들의 공부차원에서 학문적으로 접근하는 것이오니 오해 없으시기 바란다는 말씀을 올리면서 심도 있게 풀어봅니다.

[문]세간에는 김대통령의 숨겨진 재물이 많다고들 합니다. 그런데 재성이 없으면 식상을 재성으로 보라 는 말이 있는데 그 말이 맞는지요?
[답]그 말도 맞습니다. 더 재미있는 말로 답을 대신합 니다. 식상은 의식주입니다. 의식주가 풍부합니다. 비상한 머리로 재물을 만드는 기술자입니다, 그 이유는 식상관이 생재를 하는 이유인데요, 그러나 대체적으로 만드는 기술자일 뿐 재물을 적재할 창고가 없는 사람들은 내 돈으로 만들 수 없는데 본 명조는 돈 숨겨놓은 큰 창고가 두개나 있는데 그 창고는 어느 누구도 찾을 수없는 본인만이 알고 있는 창고로 부자의 사주라고 말 할 수 있습니다.

[문] 큰 창고 두 개를 차고 있다는 말씀은 어느 정도 이해하겠습니다. 丑토가 재성 金의 고지이므로 丙화 입장에서는 財庫로 돈 창고 찾다 고 말씀하신거지요, 그런데 누구도 찾을 수없는 본인만이 알고 있는 창고라는 말은 도저히 이해하기 힘드니 그 이유를 알려주세요?

[답] 예리한 관찰력에 필자도 놀랬습니다. 재고를 놓으면 부자라고도 하지만 본 명조의 財庫는 다른 재고와 달라 아무도 찾을 수 없습니다. 고지는 4개가 있습니다. 木의 고는 未토요, 火土의 고지는 戌토 이고, 金의 고지는 丑토가 되고, 水의 고지는 辰토가 되는데요, 이 4고지 중에 유별나게 찾기 어려운 창고가 丑토입니다. 이정도 말하면 알 수 있을 텐데요?

[문] 고개를 갸우뚱하더니 이제 알겠습니다.
   寅卯辰은 아침이므로 辰토 창고는 훤히 보이는 창고요,
   巳午未는 밝은 낮이므로 未토 창고는 더 잘 보이고요,
   申酉戌은 저녁이지만 戌토 창고도 찾을 수 있지만 은요,
   亥子丑은 캄캄한 밤의 丑토 창고이므로 누구도 찾을 수 없다고 말하신 거로군요.

[답] 네 맞습니다. 귀하는 유능한 술사가 될 수 있다고 자신합니다. 이와 같이 오행을 잘 읽기만 한다면 도사라는 칭호를 받을 수 있습니다. 비법이 따로 있나요, 이것이 바로 비법입니다.

[문] 재고는 두 가지로 크게 나누어 말합니다. 辰戌丑未가 있는 사람들은 고지이므로 자린고비, 돈이 창고로 들어가면 잘 나오지 않는다. 그러죠, 그러나 남자는 재고가 놓이면 조강지처와 해로하기 어렵습니다. 왜인지 아시지요, 김대중 대통령님도 조강지처와 해로 못 하신 것 아시지요. 다음기회에 재고에 대한 보충설명을 드리겠습니다.

9, 제16대 노무현 대통령의 사주

고 노무현 전 대통령의 사주입니다.
바보 노무현입니다. 노무현의 유서를 살펴보자,
그는 진짜 바보였을까?

너무 많은 사람들에게 신세졌다.
나로 말미암아 여러 사람이 받은 고통이 너무 크다.
앞으로 받을 고통도 헤아릴 수가 없다.
여생도 남에게 짐이 될 수밖에 없다.
책을 읽을 수도 글을 쓸 수도 없다.
너무 슬퍼하지 마라
삶과 죽음이 자연의 한 조각 아니겠는가,
미안해 하지마라
운명이다.
화장해라
그리고 집 가까운 곳에 아주 작은 비석하나만 남겨라.
오래된 생각이다.

1946년08월06일진시생							
乾命	丙戌	丙申	戊寅	丙辰			
수	2	12	22	32	42	52	62
대운	丁酉	戊戌	己亥	庚子	辛丑	壬寅	癸卯

〈노무현 전 대통령의 사주〉

    本 命造는 陽干支通사주사주입니다. 陽干支로만 구성되었다는 말이죠, 음양의 조화를 이루지 못해 외골수일 수도 있습니다. 그래서 그렇게 죽음을 선택했는지도 모릅니다. 정치적으로 좌우를 떠나 소탈했던 대통령이었던 것은 분명합니다.

    申월의 戊토는 失令으로 약하지만 년 월 시간에 三丙火가 뜨고 년 시지에 辰戌토를 만나서 월일지에 식신과 관 편관을 놓았어도 신강한 사주이다.

    이런 구조에는 강약보다 더 중요한 것이 병약이다. 土가 많아서 병이 되었는데 약이 과연 있는가, 인데 寅목 약신이 일지에 놓여있다. 그런데 좀 문제성이 보인다. 寅申이 相沖한다는 점이다. 그러나 辰토가 있고 유술로 합으로 들어오고 있으니 큰 문제는 없을 것이다. 월지 식신을 놓아 시원시원 한 사람이다.

    대운의 흐름 역시 水木 운으로 흘러 錦上添花의 命造로 변했다. 사주에서는 過猶不及이 문제를 앉고 오니 유념해야 한다. 戊戌대운 소년기운은 안 좋아 진학의 길이 막혔지만 20대 이후부터 亥子丑 水財運으로 흘러 많은 돈도 벌고 좋았다고 봐야 한다. 東方木운도 좋으나 癸卯대운은 過猶不及으로 불리해 보인다.

인터넷에 한별이란 닉네임으로 글을 올린 분의
사주분석을 살펴보려고 합니다.

乾命	丙戌	丙申	戊寅	丙辰			
수	2	12	22	32	42	52	62
대운	丁酉	戊戌	己亥	庚子	辛丑	壬寅	癸卯

한별의 간단한 분석
월지 申금이 공망 이라 신강사주라 하겠다.
그러므로 용신은 재관식상이 되고 기신은 인비가 된다.
57세 壬寅대운(戊寅운한) 壬午년 壬子월에(2002년 12월 19일) 대통령 선거에 당선됐다.

한별; 壬午 대운은 忌神인 丙화가 약하고 用神인 寅목이 왕한 대운이라 사업 운이 순조롭고 吉한 대운이라 하겠다. 壬午년은 대운 壬수가 세운 壬수의 生助를 받아 旺하므로 忌神인 丙화를 극하는 힘이 강하다. 따라서 대통령에 당선된다. 壬수 대운은 기신인 丙화가 약하다. 그러므로 대통령이 당선될 수 있는 것은 젊은 층의 지지율이라 하겠다.

　보통 월지를 失令했어도 先弱後强으로 신강사주가 되었다고 말하는 것이 맞을 것 같은데 이분은 공망이라 그렇게 표현 했네요, 일단 강약으로 보면 6:2로 신강사주인은 틀림없습니다. 壬午대운 이라고 하셨는데 壬寅대운이 맞습니다. 東方木 운이고 이사주에서의 병이 土가 되므로 木운은 약신의 운이니 용신 운이라 하겠네요, 壬午년 壬子월에 대통령에 당선 되었으니 년 월운은 천간이 더 강하게 작용하므

運 역시 財運도 財生官운으로 희신 운이었습니다. 午화는 寅午 合이지만 월지 子수는 子午沖입니다. 합도 안 되고 충도 안 된다고 보는 것 보다 합하여 연애하느라 午화의 기신 역할을 못했다가 맞지 않을까요, 월지 子수는 희신 이고요, 조열한 사주에 수재성이 조화를 이루게 한 점도 한몫 한 것이 되어 좋은 운인은 특별없습니다.

64세 癸卯대운己丑년 己巳월에(2009년 05월 23일) 사망했다.

한별; 癸卯대운은 기신인 丙화가 왕한 대운이다. 그러므로 사업 운이 흉하고 관재 구설수 등 불순한 일들이 많이 발생하는 대운이다. 己丑년은 세운 己토가 대운 癸수를 극하여 나쁜 작용을 하니 기신인 丙화가 더욱 왕하게 된다. 따라서 불상사가 발생하게 되는 것이다. 癸수가 약하여 좋은 작용을 하지 못하니 사망의 주요 원인은 본인의 잘못된 선택이라 하겠다. 己巳월에 사고가 발생한 것도 역시 연운의 작용에 부합된다.

癸卯대운이 되면 寅卯辰으로 方合木局을 형성하여 관살이 강해지는 운입니다. 木이 약신이나도 너무 강해지면 殺 역할을 하게 되겠지요, 관재구설이 끝이 안 보인다고 말해야 할 것 같습니다. 아무리 좋은 것도 過猶不及이라 하였으니 하는 말입니다. 己丑년 己巳월은 火土가 강한 운이니 본명 겁재로 흉한 운이면서 巳월은 寅巳申 三刑殺로 사고당하는 운세였습니다. 박정희전 대통령도 三刑 날 사고 당했죠, 그런데 노무현 대통령은 자존심이 강하여 사고를 치고 만 것입니다.

참고하시라고 또 한분의 사주감명을 올려 봅니다. 이분의 닉네임은 참백이라 하셨네요.

戊土 일주가 年支와 時支에 辰戌土 2개에 根이 있다. 신약이다. 그런데 천간이 印比一氣라 도인하여 신강으로 바뀌었다. 印比 火土가 忌神이고, 食財官인 金水木이 용신이다.
월지 申금과 일지 寅목 용신이 상충한다. 나쁘다. 그러나 寅목은 기신 辰토를 克制하고 申금은 기신 戌토를 설기여 좋다. 지지의 구조가 변화가 많다. 寅辰과 申戌, 申辰과 寅戌이 三會나 三合을 이룰 준비가 되어있다. 이 명조에서 가장 좋은 것은 지지에 3개 丙화의 根인 巳午화가 없다는 점이다. 천간은 火土를 극설해야 하는데, 戊土를 木으로 剋制할 수 없고 金으로 설기하기도 어려우며, 丙火를 水로 극제하기도 어렵고 土로 설기하기도 어렵다. 지지는 申금과 寅목을 통관시키는 亥子水가 제일 기쁘다. 午火는 寅午戌 기신 火局을 이루어 좋지 않고, 巳화는 巳申水生木으로 寅申冲을 제거하고 역으로 통관시켜 또한 좋다. 申금과 寅木이 모두 용신이나, 申酉金 대운은 멀리 있어서 쓰기 어렵고, 寅卯木 대운은 쓸 수 있는 구조로 조직되었다.
年柱 丙戌이 모두 기신이다. 부모덕이 부족하다. 월간 丙화는 기신이나 월지 申금은 용신이다. 형제는 승부양면작용을 한다. 신강격이라 申금 식신은 학업 운에 좋다. 일지 寅목은 용신이다. 처복이 있다. 시간이 모두기신이다. 자녀 복이 좋지 못하다. 다만 寅목이 辰토를 극제하여 호전한다. 이상은 한운으로 본 것이다.
이상과 같이 명조해석을 한 것인데 대체적으로 사주를 잘 읽을 줄 아시는 분이며 정통사주를 하시는 분이라고 생각된다. 필자도 공감하는 부분이 많다.

지금부터는 대운에 대한 해설이다.

乙未 대운은 천간 지지가 모두 좋지 않다. 甲午 대운도 그러하다. 대운 甲乙木이 모두 戊土를 剋制하지 못하고 오히려 丙火에 설기된다. 특히 午火가 入局하여 寅午戌 火局을 이루고, 다시 申金을 극제하여 학업 운을 나쁘게 한다.
癸巳 대운은 戊癸合으로 水火가 상전하지 않고, 巳申合水하여 寅木을 生助하므로 寅木 편관의 작용이 매우 좋다.
　　대운이 역으로 계산하신 것 같다. 그래서 뒤 부분은
　　대운해석은 안 하려 한다. 세운해석만 하니 참고하시기
　　　　　　　　　　바란다.
30세 乙卯년은 寅卯辰 木局을 이루어 사시에 합격할 수 있었다.〈乙卯는 정관으로 약신이다. 좋은 운으로 명예를 얻는 운이었다.〉

43세 戊辰년 국회의원에 당선되었다. 유년 2개 辰土가 시지 辰토와 함께 연지 戌土를 擊沖한다. 습토와 조토의 격충이라 火勢를 약화시킨다. 四界土의 특수 작용 중에 하나는 충이나 형이 土勢가 약하면 더욱 약하게 하고, 강하면 더욱 강하게 한다는 특징이 있다. 辰戌토는 월령을 얻지 못하여 약하다. 辰戌沖으로 土의 세력이 매우 약화되었다. 辰戌土 기신이 약화되고, 申金은 원신을 상실하여 寅木 편관이 살아났다. 이 때문에 국회의원이 될 수 있었다.
辛丑대운으로 대운은 좋았으나 戊辰土는 기신이라 별로지만 沖하는 것은 큰 변화일 수 있고 火勢를 약화시켰다 충해서 보냈다 는 것도 하나의 관점은 되겠으나 일단 좋은 해는 아니었다고 본다.〉

51세 丙子년 다시 국회의원에 당선되었다. 유년 子수는 寅申沖을 해소하고 寅木을 生助하여 더욱 좋다. 당연히 국회의원에 당선될 만하다.〈辛丑대운이 좋다고 본다, 辛금은 丙화 기신을 묶고(丙辛合)丑토는 습토로 화세를 저하시키기도 하지만 일단 水局으로 희신水운이다. 丙화는 안 좋으나 일단 문서 운이다.〉

55세 庚辰년 해양수산부 장관에 임명되었다. 寅卯대운에는 戌土와 申金이 수사지에 있어서 힘을 쓰지 못한다. 그러나 辰토는 그러하지 않다.〈庚金은 희신이고 辰土는 습토이면서 화세를 약화시키기도 하지만 申辰水局을 이루어 좋다,〉

57세 壬寅 대운 壬午년 대통령에 당선되었다. 유년 午화가 3개 丙화를 동하게 하고, 壬수는 3개 丙火를 克去시킨다. 壬寅대운도 좋지만 壬午년의 壬水가 희신 이어서 일 것이고 午화는 寅午로 묶인다. 合去작용을 했을 것이다.

59세 壬寅대운 甲申년 2004. 3. 12. 丁卯월 庚寅일 국회에서 탄핵 당했으나, 5. 14. 己巳월 癸巳일 헌법재판소의 기각으로 기사회생했다. 운지 寅목은 일지 寅목을 동하게 하고, 유년 申金은 월지申금을 동하게 한다. 지지는 寅申이 격충하고 구시화문(口是禍門)이다.〈대운과 연월일이 모두 木氣가 강하다, 過猶不及으로 많아서 병이 된 경과로 官이 殺역할을 해서인데 己巳 癸巳가 巳申合水로 희신이 되어 좋은 경과를 가져온 것이다,〉

64세 癸卯 대운 己丑 己巳월 유년 세운이 병림했다. 세운이 병림하면 자신이 죽거나 타인을 죽게 한다는 단어가 있다. 〈己丑은 겁재 운이고 己巳 월의 巳화가 巳申刑을 한 것이 바로 사고 수였다,〉

10, 제17대 이 명 박 대통령의 사주

이 명 박 전 대통령의 사주입니다.
신화는 없다. 의 저자이기도 한 기업가요
정치인이었던 그분의 사주는 인터넷에 떠도는 사주는
출생 시가 각양각색입니다. 여기서는 辰시로
보겠습니다.

1941년11월02일진시생

乾命	辛巳	庚子	辛丑	壬辰			
수	4	14	24	34	44	54	64
대운	己亥	戊戌	丁酉	丙申	乙未	甲午	癸巳

　本 命造는 子월의 辛금이 壬辰시를 만나고 일지에 丑토까지 놓아 子辰 子丑水局을 이룬 관계로 식상이 태왕하다. 辛금은 火로 制金하는 것 보다 壬水로 설정함이 좋다고 하였다. 2土3金으로 신령은 하였지만 아주 허약하지 않고 나름대로 조화를 잘 이룬 사주이다. 조후용신인 화가 年支에 놓여 있어 나름대로 조후도 만족하지는 않지만 잘 된 사주에 대운의 흐름 역시 서방금운에서 남방 운으로 흘러 좋았으므로 젊어서는 예리한 판단력으로 기업에 종사하였고 나이 들어서는 정계에 입문하여 국회의원과 서울시장을 하면서 운이 좋아 대권에 도전하여 대통령이 된 것이다. 그러나 壬辰대운은 좋아 보이지 않는다. 壬水는 傷官운이고 子辰水局을 이루니 일명 水多金沈으로 나 자신의 역할이 잘 안 되는 운이지만 그래도 희망이 있는 것은 辛丑년 까지는 嚴冬이라

안 좋으나 壬寅년 봄바람이 불면서 解凍으로 좋아질 것이다. 이 말은 지금은 교도소에 수감 된 상태지만 2022년 범 띠 해가 되면 새로운 정부 새 대통령이 선출되면 특별사면 되지 않겠는가 하는 추리도 가능하며 또 아울러 辛丑년 庚子월에 년말 사면도 생각해 볼 수 있다. 庚辛金에 뿌리하고 子辰合이나 丑辰破殺운에 교도소 문이 열리지 않을까 기대 해 본다.

11, 제18대 박 근 혜 대통령의 사주

여성 첫 대통령 박 근 혜 전 대통령의 사주입니다. 壬辰년 대통령후보시절에 풀어놓은 사주를 참고로 옮겨 놓고 다시 해설하는 방식으로 풀어갈까 합니다.

1952년01월07일丑시생						
坤命	辛卯	辛丑	戊寅	癸丑		
수	1	11	21	31	41	51	61
대운	壬寅	癸卯	甲辰	乙巳	丙午	丁未	戊申

박 근 혜 전 대통령 후보시절인 壬辰년에 감명했던 것이므로 후보로 칭합니다.

박근혜 후보는 1952년(壬辰年)정월07일생으로 현재나이 61세이지만 입춘 3일전에(그 해 입춘일이 1월 10일) 태어났으므로 사주구성은 辛卯년 辛丑월로 해야 한다는 점 이해하시기 바랍니다. 사주구성이 한습(寒濕)한 기운이 많은 명조(命造)입니다. 역술용어로 축월(丑月-음력12월)의 무토(戊土)가 축시(丑時-새벽01시30분-03시30분 사이)를 만나고 사주에 화기(火氣)가 없어 꽁꽁 얼은 땅으로 구성되었습니다. 사주가 냉습한 기운이 많으며 월시지에 겁재라는 별을 놓고 연일지에 정편관을 놓아 정확하고 냉철하며 아만성과 강인한 인내성이 내포된 팔자입니다. 그래서 박 근 혜 후보에게 불통이라는 별칭이 따라다는 것입니다. 그러나 연 월간에 상관성이 투출하여 대인관계도 원만하고 활동무대도 넓습니다. 이 사주에서 부성(夫星)인 정관(正官-乙卯木)성이 맥을 못 추는 형상입니다. 쉽게 이해 할 수 있도록 말하자면 꽁꽁 얼은 땅위에 여린 화초목이 살아나기 어려운데 설상가상으로 화초 목을 잘라 내는 예리한 신금(辛金)이라는 칼날이 천간(年月干)에 나타나 마구 내려치는 형상이므로 정식 결혼이 어렵고, 혹 결혼이 성사된다 해도 해로(偕老)하지 못하는 팔자이며 여명(女命)에서는 식상을 자손으로 보는데 식상관인 자손의 별이 무덤 속에 들어있는 형상(丑土는 食傷 金의 墓地) 이어서 자손이 없는 형상입니다.

　부모의덕을 살펴보자면 전직대통령의 딸이니 덕이 없다고는 할 수 없겠으나 주중(柱中-사주팔자에)에 인수인 화성(火星)이 전무(全無)해서 부모덕이 없다고 봐야 합니다. 그러나 인중병화(寅中에 暗藏 된 丙火)가 희신(喜神)이므로 대통령의 딸로 태어났을 것입니다. 그렇지만 부모 두 분 모두 총탄에 쓰러져가셨으니 부모와는 인연이 적은 사고무친(四顧無親)이라 말 할 수 있겠습니다. 형제 덕은 어떤가요? 丑土 겁재를 형제로 보는데 글자그대로 겁재(劫財-재물을 겁탈해간다, 도움 안 된다)로 보아 기신(忌神-가장꺼리는 신)에 속하므로 형제 덕이 없다고 보는 것이지요, 지상(紙上)에서 보면 근영씨와 지만씨의 이러저런 기사를 보면서 평소에 느껴왔던 점입니다.

　정관이나 편관 성을 부성인 남편의 별로도 보지만 관(官)인 직업성으로도 보는데 정관이 내 남편이고 편관은 스쳐가는 남자로 보고, 직업으로 가름 하자면 정관은 공직 행정 또는 월급자요, 편관은 별정직 또는 사법

직인데 이 사주에서는 정관(卯木)은 맥을 못 추는 형상이지만 편관성인 인목(寅木)은 유력하므로 선출직인 국회의원을 했을 것이고 당 대표도 할 수 있었을 것입니다.

사주팔자는 타고난 틀을 말하는 것이고 사주팔자를 자동차로 비유한다면 그 자동차가 달려야 될 도로가 바로 운인데 10년 주기로 바뀐다 해서 10년 대운이라 그러는 것이고, 이것은 도로사정을 말하므로 도로가 비포장도로인가, 아니면 고속도로인가, 아니면 꽉 막힌 도로인가를 가름하는 것이며, 당년, 당년 만나는 그해의 운을 세운(歲運)이라 해서 그해의 길흉을 만들어내는 것인데 이 두 가지를 우리 역술용어로는 행운(行運-행하는 운)이라 말합니다.

박근혜 후보의 대운은 비교적 좋은 운인 목화운(木火運)으 흘러 무난합니다. 사주의 길흉을 볼 때에는 사주가 강한지 약한지도 봐야하고 한습한지 조열한지도 보아 종합적인 판단을 하게 되는데 본 사주는 한습한 사주이므로 조후용신으로는 木火를 보고 강약을 살펴보자면 약간 신약한 팔자이므로 인수인 火를 용신해야 합니다. 전체적인 운세로 볼 때 木火 양은 좋고 金水 음은 불리하다로 보아 현재 무신(戊申)대운은 서방금운(西方金運)으로 좋은 운세는 아닌 것으로 보입니다. 다만 전(前-앞) 대운이 좋았으므로 크게 불리해 보이지는 않으므로 금년 임진년(壬辰年)운세를 보아 길흉을 가름합니다. 壬水가 官을 생하므로 관인상생(官印相生)하는 운이라서 불리하지만은 않습니다.

다만 辰土 비견을 달고 들어와서 동급자 (동료, 친구, 동업계사람)들과 치열한 경쟁을 해야 하는 운세이며 12월은(음력-11月) 壬子수 이고 19일은 갑인(甲寅-官運)일로 힘겹기는 하지만 壬子水가 甲寅木을 生한다면 결코 불리하다고만 볼 수 없을 것입니다. <실전간명사례 108제 에서 발췌함>

　　결과는 승리였습니다. 제18대 대통령에 당선 되어 4년차에 접어들면서 당이 흔들리고 나라가 온통 촛불로 뒤 덮이더니 결국 대통령 탄핵이라는 초유의 사태가 벌어지고 결국 감옥으로 갑니다. 그리고 4년이란 긴 세월을 감옥에서 보내게 됩니다. 그의 중요한 사건들을 기록해 봅니다.

1974년 8월15일 어머니 육영수여사 별세
甲寅년 壬申월 戊子일은 七殺年運이고 월운은 壬水가 財生官 하고 寅申沖하여 왕신이 발동, 戊子일은 子卯刑 하는 군요, 子水는 凍水로 좋지 않습니다.

1979년 10월26일 아버지 박정희대통령 별세
己未년 甲戌월 丙寅일은 年運은 劫財年이고 월운은 칠살 甲木과 비견 戌土가 丑戌刑殺 하고, 丙寅일은 편인이 칠살을 달고 온 날입니다. 불미스러운 기운이 역력하네요.

2012년 12월 20일 대통령당선 된 날
壬辰년 壬子월 乙卯일은 壬수가 官을 생하므로 관인상생(官印相生)하는 운에 정관 乙卯木 날이라서 명예를 얻은 결과지요.

2016년 12월 09일 대통령당선 탄핵인용 된 날
丙申년 庚子월 丙寅일은 丙화 편인이 상관 辛금을 合으로 묶고 신금은 편관 칠살을 沖하고 庚금 식신이 丙寅 이날이면 편인과 편관의 날로 식신이 편관 칠살을 치는 형상이라 도식의 기운이고 傷官見官의 운과 같은 기운으로 大忌합니다.

2017년 03월 17일 대통령당선 판면 된 날
丁酉년 癸卯월 癸卯일은 丁癸沖 卯酉沖 하는 해로 월일이 癸卯운이니 戊癸合 으로 나 자신이 없어지는 날에 卯木 正官이 년운 酉금과 卯酉相沖으로 沖去 되니 모든 걸 내려놓는 大忌한 날입니다.

그 후 戊戌 己亥 庚子 辛丑 년 운세를 가름 하자면 다음과 같습니다.

戊戌년 운은 비견이 丑戌刑殺을 놓으므로 내 주위 사람들과 다 적이 되는 해요,

己亥년운세는 겁재에 재성으로 財生官하여 관재구설로 모든 걸 빼앗기는 운세입니다.

庚子년 운세는 식신이 재성을 달고 오는 음습한 해라 좋지 않습니다.

辛丑년도 역시 傷官辛金이 丑토를 달고 오니 활동이 전혀 안 되는 운입니다.

壬寅년 운세는 壬수 재성이 寅목 편관 칠살을 달고 들어오지만 대운 申금과 寅申沖하는 해라서 沖하는 날 옥중의 문이 열린다 했으니 사면 될 것을 기대 해 봅니다.

12, 제19대 문 재 인 현 대통령의 사주

촛불혁명이라는 이름을 빌어 박 근 혜 전 대통령을
탄핵시키고 대통령의 권좌에 오른
문재인 대통령의 사주입니다.
壬辰년 대통령후보시절에 박 근 혜 대통령 후보 사주와
함께 풀어놓은 사주를 참고로 옮겨 놓고 다시 해설하는
방식으로 풀어갈까 합니다.

	1952년 12월 10일 戌시생					
乾命	壬辰	癸丑	乙亥	丙戌		
수	3	13	23	33	43	53	63
대운	甲寅	乙卯	丙辰	丁巳	戊午	己未	庚申

문재인 현 대통령 후보시절인 壬辰년에 감명했던
것이므로 후보로 칭합니다.

　壬辰년 癸丑월의 乙木 이군요, 丙戌시로 태어난 시를 잘 만났습니다. 乙목은 화초 목으로 유난히 丙화를 좋아 한답니다. 음습한 기운이 많은 사주인데 시간에 丙화가 나타나 좋은 사주가 되었습니다. 무관사주로 직장생활은 안 되는 팔자지요, 印綬가 강하므로 많이 배워서 전문가로 진출해야 하는 팔자로 관이 없어 판검사는 곤란하고 변호사가 천직인 사주랍니다. 더욱이 자신을 뺀 나머지 3주가 괴강 백호 살이라서 우두머리 기질이 다분합니다. 군에서 센 부대에 근무했다지요, 다 팔자에 있는 대로 살아온 것이지요. 그러나 근본은 착하고 맑은 사람입니다. 뚝심(인내력)이 약한 것이 단점일 수 있는 팔자인데 맑고 깨끗해서 인심 좋은 동네 아저씨 같은 사람입니다. 사주가 약간 음습하지요, 다행인 것은 동남 木火 양의 운으로 60년이 흘러서 큰 어려움 없이 살아갈 팔자랍니다. 상관생재로 이어지는 팔자라서 머리가 비상하고 상관이 용신이라서 인권변호사가 제격인 사주지요, 상관성이 강한 사람은 불의를 보면 못 참습니다. 기업에서는 노조위원장이라 그런답니다. 돈에 대한 집착도 대단하다 볼 수 있고요, 잘 쓰지 않는 성격이겠어요, 현재 己未대운인데요, 재다신약(財多身弱)으로 보아 불리하다고 볼 수도 있겠으나 천만에요, 원국에 수기(水氣)가 강해서 조토(燥土-마른 흙으로 제방을 쌓고 뿌리내림)가 필요하기에 좋은 운입니다. 63대운인 경신(庚申西方金運)운은 어떨까요? 큰 벼슬 운이기는 한데요, 심사가 편치 않겠어요, 壬辰년 壬子월 甲寅일 운세를 심도 있게 살펴봐야겠습니다.

年운과 月운은 문서로 인한 구설수가 10월11월(庚戌辛亥)연이어 터져서 구설로 힘들겠습니다. 日운은 어떤지요, 甲寅은 겹재로 그리 좋은 운이 아니랍니다. 나를 도와준답시고 종당에는 내 것 다 빼앗기는 운이지요, 그러므로 목적달성은 어렵습니다.

   2013년(癸巳年) 운세를 보자면 癸수 편인으로 비자 문서 들고 巳화가 巳亥충 하니 바다 건너가는 형상입니다.

   18대 대선에서 낙선의 고비를 마신 후 절치부심 와신상담으로 결국 19대 대통령이 됩니다.

2017년 5월9일이 19대 대통령 선거일이었습니다. 丁酉년 乙巳월 丙申일 이었네요. 기가 막히게 좋은 날 이었습니다. 비록 41,1% 라는 적은 숫자이긴 합니다만 이긴 것은 이긴 것이니까요,

丁화는 壬수와 합하여 木氣를 만들고 酉금은 辰酉로 합 하여 관성인 명예를 만듭니다. 乙巳월 역시 乙목은 비견으로 힘이 되고 巳화는 용신 달이지요, 丙申일은 丙화 용신 날이고 申금은 정관으로 명예를 얻는 날이었네요.

임기를 잘 마치고 전 대통령들의 전철을 밟지 않아야 할 텐데 걱정입니다. 전인 대통령들이 대부분 퇴임 후 가 안 좋았고 전직 대통령 두 분이 감옥에 계신 것을 보면서 혹시 하는 생각이 들어 하는 말입니다.

13, 제20대 대통령은 누가 될 것인가?

20대 대통령 선거일이 2022년03월 09일입니다.
壬寅년 癸卯월 辛酉일입니다.

1963년10월23일巳시생							1960년11월01일未시생						
乾命	癸卯	甲子	乙酉	癸未			乾命	庚子	戊子	庚辰	癸未		
수	1	11	21	31	41	51	수	6	16	26	36	46	56	66
대운	癸亥	壬戌	辛酉	庚申	己未	戊午	丁巳	대운	己丑	庚寅	辛卯	壬辰	癸巳	甲午	乙未

<민주당 호보 이재명사주>　　　　<국민의 힘 후보 윤석열 사주>

이 재명후보의 사주는

癸卯년10월 23일생이지만 절기입절 후라서 甲子월이 됐고 乙酉일에 시는 未時生이라 하므로 五行中 火만 없고 다 갖춘 사주입니다. 눈에 뜨이는 것은 3旺地를 갖춘 것이고 子月生이 未時를 만났다는 점이며 藤蘿繫甲으로 出世之向的이라는 것이다. 자세히 살펴보자면 3水 3木으로 6:2사주여서 신강하다는 점이고 조후로는 子월생 乙木이라서 未土를 써야 하니 조화를 잘 이룬 사주이긴 한데 겁재성이 강해 자기 잘난 맛에 사는 사람이며 金氣또한 강해(未生酉金)성질머리도 보통은 지나게 생겼습니다. 대운역시 청년기까지는 고생스럽지만 40대운부터 말년 기까지 南方火운이라서 꽃피고 결실 맺는 좋은 운기로 흐릅니다.

대선 날인 2022년 03월 09일(壬寅년 癸卯월 辛酉일)의 운세는 어떠한지 살펴봐야 할 것 같습니다.

正印壬水가 寅木겁재를 달고 왔네요, 세운에서의 인수겁재는 불리한 운세지요, 癸卯운도 역시 水木운이면서 편인 비견에 卯酉相沖을 합니다. 그런데 日辰이 문제일 것 같습니다. 辛酉일로 天擊地沖의 날이어서 칠살이 나를 괴롭힙니다. 선거에는 불리한 날이 됩니다.

　지금시점에서 선거는 약 5개월여가 남았다지만 금년 국정감사장에 도지사로 직접 나가 해명의 기회를 갖겠다고 자신만만했었는데 결과는 의혹만을 부풀리고 말았다. 새로운 사실로는 조폭에게서 20억여 원을 받았다는 사실은 공익제보형식이어서 그 의혹을 어떻게 풀지가 관건이지만 이유여하를 막론하고 대통령후보는 청렴해야 하는데 특히 집권여당의 후보가 이런 구설에 연루된 사실만으로도 양심 있는 후보라면 사퇴해야 하지 않을까 생각 된다. 앞으로 추이를 살펴 볼 수밖에 지금은 안개 속으로 한치 앞을 내다보기 어렵다. 다만 10월은 戊戌월로 燥土로서 寒水를 막아주어 무사히 넘길 수 있고 11월인 己亥월도 역시 작은 기운이기는 하지만 己土가 막아주고 亥수는 엄마의 마음 같이 따뜻한 품속 같은 물이라 잘 버틸 수 있을지라도 庚子월인 12월과 辛丑월인 2022년 1월 달을 버틸 수 있을지, 크게 요동칠 수 있는 대 이변도 발생 하지 않는다는 보장이 서지 않는 달들이다. 12월년말과 1월 달인 년 초를 잘 넘겨야 살 아 남을 수 있을 터인데 너무 염려되는 문제점들이 장애물로 앞을 막고 있으니<庚子월은 눈보라가 휘날리고 辛丑월은 칼날 같은 예리한 금속물이 子월의 乙木인 인동 초를 싹둑 잘라내는 형상>나라의 앞날이 걱정된다.

윤 석 열 후보의 사주는

　子月 庚金이 癸未時를 만나고 일지에 辰土까지 놓아 水氣太旺한데 庚子年生이니 金水傷官格이라고 해야 할 命造이다. 다시 일지에 辰土를 놓아(子辰合水) 한습 함이 염려 된다. 庚子年生으로 庚金이 나타나 신약하지는 않지만 寒氣를 부축이나 월간 戊土가 制水하여 다행이다. 더욱 기쁜 것은 대운이 東 南方운으로 운행 됨이니 기대 해 볼만 한 사주이다.

[命理 古典]
　子月의 庚金이 癸未時를 만나서 癸水가 時干에 透干 되어 金水傷官格인데 身弱하므로 未土 印星이 필요하며 他柱에 火土가 나타나면 차갑고 약한 庚金이 溫補 될 것이다. 그런데 自坐 일지에 辰土를 놓아 生金 할 것 같지만 오히려 寒濕을 도와 凍結하니 木火가 타주에 있으면 大吉하지만 최소한 火土라도 천간에 있고 大運이 東南方 운이면 발복할 것이다.

[八字 提要]
　庚金 일간이 子月에 나고 癸水가 천간에 나타나면 金水傷官格인데 癸未시를 만나서 金水眞傷官格이다. 古書에서 말하기를 傷官格이 신약하면 인수를 기뻐한다고 했는데 이사주의 경우 미시를 만났으니 인수가 큰 역할을 할 것이다. 특히 未中丁火가 차가움을 溫補하므로 보물 같은 존재이다.

사주를 해설하기 전에 진상관과 가상관에 대하여 알아보고 자 한다.
진상관(眞傷官) : 상관이 왕성한 신약사주를 말하는 것이고 명리정종에서 말하기를 眞傷官이 行 傷官運이면 必滅이라고 했다.
가상관(假傷官) : 상관이 약한 신왕사주를 말하는 것이고 명리정종에서 말하기를 假傷官이 行 印綬運이면 必死한다고 했다.
 위에서 말한 요점은 진상관 사주는 상관상진(傷官傷盡)이 필요하고, 가상관 사주는 파료상관(破了傷官을 겁낸다는 말이다.

 독자들의 이해를 돕기 위해 진상관과 가상관 구분이 약간 헷갈릴 것 같아 오행분포와 육친점수표를 붙여 정확도를 기했으나 印比가 5이고 상관이 3이라도 失令 失地를 하여 身弱으로 구분함이 맞다. 혹자들은 印比의 비율만 가지고 신강이라고 고집 하여 말 할 수도 있어 정확도를 기하기 위해서 세밀하게 분석하였다.
 이 사주는 진상관격이 맞다. 또 학습차원에서 덧붙이고자 하는 말은 本命의 喜用神이 木火라고 하면 火는 剋金해서 신약사주에는 안 좋다고 할 수 있으나 夏火는 剋金하고 冬火는 生金한다는 사실도 참고하기 바란다.

 지금부터 四柱의 구조분석부터 운세흐름과 당년 운세 월 일 운 분석까지 자세히 살펴보자.
 윤 석 열의 사주는 상관격 이므로 직업적으로 수사검

사가 천직이다. 사주에서 강약은 참고 사항일 뿐 능력을 가늠하는 것이지 강약이 전부인양 매달리면 안 된다. 일단 신허(身虛) 하지 않고 능력을 갖춘 사주로 보아야 하고 성정은 카리스마도 있고 불의를 보면 못 참는 성격이다.

들리는 이야기에 의하면 공부는 잘 했어도 늦게 검사가 되었다고 하는데 그 이유는 운세의 흐름이 불리 해서였다고 보아야 한다. 학교를 졸업하고 취업해야 할 시기인 26대운이 辛卯대운으로 子卯刑을 하고 있음이 제일 큰 문제였다, 이 시주는 金生水하여 水生木으로 연결 되면 좋은 명조인데 水路가 막혀 힘겹게 사법시험에 통과 되었다고 보아야 하고 결혼이 늦은 것은 무재사주(無財四柱)에 寒氣가 강해 늦은 나이인 南方火운을 만나야만 성혼하는 팔자이다. 무재사주지만 상관격이라 상관이 잘 발달 되어 부자의 命으로 보아야 한다,

2017년(丁酉年)에 중앙지검장이 된 것은 정관 丁화 흰신이 들어왔고 酉金에 庚金이 뿌리 함이 원이었을 것이고, 검찰총장이 된 2019년(己亥年)은 년운의 작용보다는 대운의 역할(甲午大運)이 컸고 己土 正印이 문서운역할 도 한 목 했을 것이다.

2020년 庚子年 운세가 어떠하기에 이렇게 시련이 큰 지를 살펴보자. 庚金은 비견 운이고 子수는 상관 운인데 子수가 년 월에 있으면서 다시 년 운에서 다시 만나면 과유불급(過猶不及)이다. 상관이 강하면 관살이 맥을 출 수가 없다. 현재의 月運과 日運을 살펴보자면 12월 7일부터 戊子월이 발동하는데 戊子 자체가 나쁘지

는 않다, 戊토는 명조에서의 戊土의 역할이 크지만 幸運에서의 戊土는 편인으로 도식(倒食)하는 운이어서 안 좋다고도 볼 수 있겠으나 편인이라도 상관 子수를 막을 수 있고 傷官子水가 첩첩이 쌓이니 戊土가 반드시 필요하다. 12월10일 날 일진이 丁亥여서 食傷見官運으로 불리한데 그래도 丁火가 역할을 하면 매우 불리하지는 않을 것이다. 15일이 戊子일 이어서 丁亥날에 징계처리 되고 바로 뒷날인 戊子일 날 대통령이 승인할 가능성이 매우 높다. 그러나 이변은 있다, 그러나 대통령이 승인하더라도 법원판단을 기다려 봐야 한다.

결론적으로
 15일 壬辰 일에 징계위가 열려 癸巳일 새벽 寅時에 정직 2개월 이라는 가벼운 징계가 처리되고 곧바로 대통령이 재가하였다. 향후 처리 방안을 추리해보자.
 대단히 불리하여 물러나거나 정직으로 굳어질 가능성은 없다. 잘 풀려 법원의 최종심판까지 기다려야 할 것으로 보이는데 큰 이변이 없는 한 무사히 임기는 마칠 것으로 보인다. 그러나 변수는 있다. 윤석열이 원하는 법치가 무너지는 일이 눈앞에 보인다면 과감하게 직을 걸고 싸우다. 사표를 낼 것으로 보인다.

 그 이후 2개월여가 지난 2021년 03월04일(辛丑年 庚寅月 辛亥日)에 과감하게 사표를 던지면서 법치가 무너지는 것을 四字成語로 검수완박은 부패완판(檢搜完撲腐敗完判)이란 명언을 남기고 유유히 검찰을 떠났다.

여기서 중요한 것을 찾아볼 수 있다. 과거에 크게 바람을 일으키다가 바람같이 사라진 정치인들이 여럿 있었다. 그러나 그들은 바탕이 약했다, 고건 총리도 그랬고 반기문 총장도 그랬었지만 윤석열은 그렇지 않을 것이라고 확신한다. 그 이유는 위 대표적인 사례 두 분은 온실 속의 화초였다면 윤석열은 만고풍상을 다 겪으면서도 꽃을 피워온 인동초요, 야생화이기 때문이다. 다만 대권으로 갈 것인가는 그 때 당시의 분위기가 중요한데 壬寅년 운세가 좋기 때문에 힘든 일에 뛰어들 가능성은 희박하다고 보겠다.<여기까지는 대선출마선언 전에 간명한 것이다>

그러나 그는 2021년 6월29일(辛丑년 甲午月 戊申일) 대통령출마선언을 했다. 그 후 꾸준하게 대선후보 1위를 지키고 있는 상황입니다.

대선 날인 2022년 03월 09일(壬寅년 癸卯월 辛酉일)의 운세는 어떠한지 살펴봐야 할 것 같습니다.
壬寅년은 식신이 재성인 寅木을 달고 온 해로 財生官 하는 운이네요, 癸卯월도 역시 상관에 정재죠, 일진은 辛酉일이니 겁재로 힘은 되겠는데 겁재는 奪財라 하지 않나요? 그런데 강약으로 진상관격이라 겁재가 좋을 수 있습니다. 빼앗기기도 하지만 이런 경우 빼앗아 올 수도 있으니 승리의 날이 되지 않을까요. 眞傷官이 行 傷官運이면 必滅이라고 했으나 비겁 운은 좋다고 봐야 합니다. - 2021년10월18일 날 쓴 글입니다. -

14, 제20대 대통령당선인 윤석열 당선인의 사주

20대 대통령 개표가 2022년03월10새벽에 근소한 표차로 윤 석 열 후보가 당선 되었습니다. 다시 재조명해 보겠습니다.

1960년11월01일未시생				
乾命	庚子	戊子	庚辰	癸未
수	6	16	26	36	46	56	66
대운	己丑	庚寅	辛卯	壬辰	癸巳	甲午	乙未

< 윤 석 열 당선인의 사주 >

　이 사주는 土金水로만 구성된 三神相生格사주 입니다. 원래는 5 : 3 사주로 失令은했지만 得支得勢로 身强사주인데 子辰이 합을 해 水로 化했어도 역시 4 : 4 로 약하지 않고 인비가 년 월간에 떠서 旺水를 戊土가 制水하고 微力함을 편인 庚금이 도와주어 조화를 잘 이룬 사주이다. 조후가 부족하지만 대운에서 木火운으로 운행 되어 보충해주어 살아가면서 큰 어려움 없이 성공의 길을 걸어왔지만 삶이 순탄치 못했고 곡절이 많음은 태성이 傷官格 이라서 일 것이다. 윤 당선인 하면 생각 나는 것이 나는 사람에 충성하지 않고 조직에 충성한다는 명언일 것이다. 강직하여 불의를 보면 참지 못하고 너그러운 배려심도 있지만 반항심 역시 남달라서 잘못 하면 항명으로 비춰질 수도 있고 절대 권력에 굴복하지 않는 강직함도 있습니다.

윤 석 열하면 떠오르는 사람 한 동 훈 검사의 운명은 어떤지 궁금합니다.

1973년03월07일진시생						
乾命	癸丑	丙辰	乙亥	庚辰		
수	1	11	21	31	41	51	61
대운	乙卯	甲寅	癸丑	壬子	辛亥	庚戌	己酉

한 동 훈 검사도 팔자대로 살아온 사람이다. 오행을 모두 다 갖추고 태어난 사주지만 浮木 된 상황에 대운까지 30년간 흘렀으니 이리 터지고 저리 터져도 꺾이지 않고 자리를 지키고 있음은 乙木이기 때문이고 庚금 정관이 유력하기 자리를 지킬 수 있었다고 봐야한다. 丙화 상관의 힘으로 검사가 된 것이다. 庚戌대운 10년간은 가장 좋은 대운이다. 燥土인 戌土의 힘으로 官인 庚金이 힘을 받으면 無所不爲의 권력을 걸머지고 출세가도로 승승장구할 것이다. 壬寅년 癸卯년 壬癸 印綬 운이고 寅亥 亥卯合 木局이 형성 되면 乙木은 대단한 힘을 발휘 할 것이고 甲辰년은 좀 다른 상황으로 전개될 가능성도 보인다. 甲庚沖과 辰亥원진과 더불어 물바다가 형성 되면 표류가능성도 엿보이기 때문인데 이 모든 점은 지켜볼 일이다.

通變大學

통변은 사주의 꽃이다.

 역술계의 巨星 변만리 선생님께서 수년간에 걸쳐서 독자적으로 개발한 감정의 最高書인 통변대학은 수십 번을 재발간해서 문하생들의 절찬을 받았던 책으로 후학지도용 교재로 만 오랫동안 사용되었으나 선생님께서 他界하신후 學人들의 열화와 같은 요청에 의해 서점판매를 결정하게 되었습니다. 사주는 감정이 기본이고 감정은 통변이 으뜸입니다.

 五行을 正五行 化五行 納音五行別로 나누고 운명과 인간만사를 세 가지 오행별로 판단하는 원리와 요령을 상세히 밝힌 통변대학(백과사전)에서는 무엇이 正五行이고 化五行이며 納音 五行인지를 구체적으로 설명하였습니다.

 통변대학은 동양고전점술의 금자탑이요 溫故知新으로서 만리天命과 더불어 동양점술의 쌍벽을 이루며 陰陽五行의 眞理를 연구하는데 金科玉條가 될 것입니다.

 통변대학은 사주의 백과사전으로서 사주와 운세의 분석과 감정에 만능교사가 될 것이라고 확신합니다.

 본 通變大學으로 공부하시는 학인들은 학습지도교수가 궁금증이나 의문사항을 문의하시면 직접지도 해드립니다.

지도교수 김동환 070-4103-2367 (변만리역리연구회장)

 通變大學 : 4 / 6배판 390쪽 내외 정가 25,000원

전화02)926-3248 도서출판 **資 文 閣** 팩스02)928-8122

六神大典
육신은 사주의 꽃이다.

 역술계의 巨星 변만리 선생님께서 수년간에 걸쳐서 독자적으로 개발한 감정의 최고 原理書인 六神大典은 수십번을 재발간해서 문하생들의 절찬을 받았던 책으로 후학지도용 교재로만 오랫동안 사용되었으나 선생님께서 他界하신후 學人들의 열화와 같은 요청에 의해 서점판매를 결정하게 되었습니다. 사주는 六神으로서 인간만사를 판단하게 되는데 財星이 用이고 喜神이면 得財 致富하고 출세하듯이 六神의 喜神과 忌神은 운명을 판단하는 열쇄가 됩니다. 운명과 인간만사는 陰陽五行의 相生相剋으로 판단하지만 父母 兄弟 妻 夫 子孫의 富貴貧賤과 興亡盛衰는 하나같이 육신위주로 판단합니다. 변만리 선생님은 육신대전이야말로 사주의 꽃이라 했습니다. 육신대전은 사주의 백과사전으로서 사주와 운세의 분석과 감정에 만능교사가 될 것입니다. 본 六神大典으로 공부하시는 학인들은 학습지도교수가 궁금증이나 의문사항을 문의하시면 직접 지도 해드립니다.
지도교수 김동환 070-4103-2367(변만리역리연구회장)
　六神大典 : 4 / 6배판 356쪽 내외 정가 25,000원
　 전화02)926-3248도서출판資 文 閣 팩스02)928-8122

萬 里 天 命
天命은 四柱八字를 말한다.

 역술계의 巨星 변만리 선생님께서 20여년동안에 열심히 연구하고 개발한 만리천명은 음양오행설을 비롯하여 중국의 점성술을 뿌리채 파헤치고 새로운 오행과 법도를 독창적으로 개발하고 정립한 명실상부한 독창이요 혁명이며 신기원의 역술서적입니다. 수십 번을 재발간해서 문하생들의 절찬을 받았던 萬里天命은 변만리 선생님께서 후학지도용 교재로만 오랫동안 사용되었으나 선생님께서 타계하신 후 학인들의 열화와 같은 요청에의해 서점판매를 결정하게 되었습니다. 지금까지의 음양오행은 강자가 약자를 지배하는 상극위주의 자연오행을 신주처럼 섬기는 동시에 格局用神과 神殺을 감정의 대법으로 삼아왔지만 지금부터는 金剋木 木극土 土극水 水극火 火극金의 相剋을 절대화해서 金은木을 이기고 지배하며 水는火를 이기고 지배하는 것을 법도화해서 태양오행과 體와 用의 감정원리를 확실히 밝힌 역술혁명서적입니다. 본 萬里天命으로 공부하시는 학인들은 학습지도교수가 궁금증이나 의문사항을 문의하시면 직접지도 해드립니다.
지도교수 김동환 070-4103-2367 (변만리역리연구회장)
 만리천명 : 4 / 6배판 520쪽 내외 정가 50,000원
전화02)926-3248 도서출판 資 文 閣 팩스02)928-8122

萬 里 醫 學
만병을 뿌리채 뽑을 수 있다

　만성병은 난치 불치병일까? 天命으로 體質을 분석하고 체질로서 병의 원인을 밝혀내며 만병을 뿌리채 다스리는 새로운 病理와 藥理와 診斷과 治病을 상세히 밝힌 治病의百科事典입니다. 환자를 상대로 병을 진단하는 東西醫學과는 달리 天命을 상대로 인체를 해부하고 오장육부의 旺衰强弱을 분석해서 어느 장부가 虛하고 病이며 藥이고 處方인지를 논리적이고 상식적으로 알기 쉽게 구체적으로 풀이함으로서 실감있게 무난히 공부함과 동시에 내 자신의병을 정확히 판단 할 수 있습니다. 역술계의 巨星 변만리 선생님께서 수년간에 걸쳐서 독자적으로 개발한 萬里醫學은 수십 번을 재발간해서 문하생들의 절찬을 받았던 책으로 후학지도용 교재로만 오랫동안 사용되었으나 선생님께서 타계 하신 후 학인들의 열화와 같은 요청에 의해 서점판매를 결정하게 되었습니다. 만리 의학은 천명과 체질위주로 진단하고 처방함으로서 간단명료하고 공식적이며 오진과 약사고가 전혀 없음으로서 누구나 쉽게 배우고 활용할 수 있는 만능교사가 될 것입니다.

萬里醫學 : 4 / 6배판 416쪽 내외 정가 50,000원

전화02)926-3248 도서출판 **資 文 閣** 팩스02)928-8122

五 象 醫 學

오상의학은 불문진(不問診)이다.

병진에는 환자가 절대적이다. 대화를 하고 진맥을 하며 검사를 해야만 비로소 윤곽을 짐작할 수 있다. 그러나 오상의학은 환자가 필요 없다. 대화나 진맥 없이 타고난 사주팔자로서 체질과 질병을 한 눈으로 관찰 할 수 있는 것이 오상의학이다. 타고난 체질이 강하냐, 약하냐, 木體냐 土체냐 金체냐 水체냐를 가려내어 지금 앓고 있는 장부가 肝이냐 肺냐 脾냐 心이냐 腎이냐를 똑바로 밝혀내고 그 원인이 虛냐 實이냐를 구체적으로 분간할 수 있다. 허와 실이 정립되면 補와 瀉의 처방은 자동적이다. 환자 없이 일언반구의 대화도 없이 보지도 묻지도 따지지도 않고 병의 원인과 증상을 청사진처럼 분석하고 진단하며 자유자재로 처방할 수 있는 완전무결한 不問診은 동서고금을 통하여 전무후무한 사상초유의 신기원이자 의학의 일대혁명이다.

역술계의 巨星 변만리 선생님께서 수년간에 걸쳐서 독자적으로 개발한 五象醫學은 수십 번을 재발간해서 문하생들의 절찬을 받았던 책으로 후학지도용 교재로만 오랫동안 사용되었으나 선생님께서 타계하신 후 많은 사람들의 입소문으로 열화와 같은 요청에 의해 서점판매를 결정하게 되었습니다. 이제는 번거로운 진찰이나 따분한 입원을 하지 않고서도 내 집에서 편안하게 만병을 진단하고 처방하여 다스릴 수 있다. 간단명료하고 공식적이며 오진과 약사고가 전혀 없음으로서 누구나 쉽게 배우고 활용할 수 있는 만능교사가 될 것입니다.

五象醫學 : 4 / 6배판 572쪽 내외 정가 58,000원
전화02)926-3248 도서출판 資 文 閣 팩스02)928-8122

여산서숙 역술도서

손금의 정석1,2

손금을 보면 인생이 보인다.

손금은 두뇌사전 이라고 한다. 손금의 이해를 통해 인생길의 방향을 정하고 숨은 재능을 찾아내어 인생길의 역경을 이겨내야 한다. 손금닷컴 유종오 원장이 심혈을 기우려 풀어놓은 손금해석의 정석이다. 손금닷컴 유종오 원장이 심혈을 기우린 역작으로 손금 최고의과정이다.

손금으로 자신의 운명을 개척할 수 있다.

  손금의정석 1권 신국판 270쪽 내외 컬러판 값 20,000원
  손금의정석 2권 신국판 320쪽 내외 컬러판 값 20,000원

사주의 정석1.2.3.

사주의 모든 것이 이 3권의 책에 담겨졌습니다.

기초에서 해설까지 완벽한 사주의 정석이다. 말문을 확 트이게 하는 여산선생 특유의 비유법인 "짧은 표현으로 거침없이 말하라"는 통변비법을 이 책3권에 듬뿍 담았습니다.

4/6배판 350쪽 내외 각권 값 20,000원 여산서숙 펴냄

여산서숙은 역술도서만을 정성껏 출판합니다.

전화02)926-3248 도서출판 **여산서숙** 팩스02)928-8122

命理 5

사주팔자 쉽고 정확하게 보는 법

2022년 05월15일 1쇄 1판 인쇄
2022년 05월20일 1쇄 1판 발행
편저자 / 김동환
발행인 / 김동환

발행처/ 여산서숙
주 소 / 서울시 종로구 종로 346번지
옥영빌딩 301호
전화/02)928-2393 팩스/928-8122
등록/1999년12월17일
신고번호제300-1999-192
ISBN 978-89-93513-48-6

값 15,000원
무단복제불허
잘못된 책은 구입처에서 교환해 드립니다.